마음을 지켜 아이를 품다

Copyright ©2025, 문종환

마음을 지켜
아이를 품다

문종환 지음

머리말

부모가 행복해야 아이가 행복합니다

나는 두 딸의 엄마입니다.

대학에서 유아교육을 전공하고 첫 직장인 유치원에서 인정받는 교사로 시작했습니다. 스물여덟 살, 서울시 국공립 어린이집 최연소 원장으로 임명되며 누구보다 열정적인 교육자로 살았습니다.

사랑하는 사람과 8년 동안의 긴 연애 끝에 결혼이라는 결실을 맺었습니다. 첫 아이를 품기 위해 몇 번의 아프고 슬픈 시간을 지나, 어렵게 임신 소식을 들었습니다. 다시는 실패하지 않기 위해 원장직을 내려놓고 열 달 동안 꼼짝 않고 누워 지내며 아이를 품었습니다. 그렇게 얻은 첫 아이의 돌이 되기도 전에 덜컥 둘째를 임신했습니다.

그리고 둘째를 낳은 지 한 달 되는 날, 사랑하는 남편은 두 딸과 나를 남겨두고 하늘나라로 갔습니다. 세상이 무너지고, 땅이 꺼지는 듯한 절망 앞에 서 있었습니다. 설상가상으로, 그즈음 나라 전체가 IMF 경제 위기를 겪었고, 친정아버지를 대신해 가정을 책임지던 친정어머니의 사업은 부도로 무너졌습니다.

의지할 곳 하나 없는 나는 찢겨진 조각배에 몸을 맡기고 마냥 어린 두 딸을 안고 그저 '살아내는 일'을 선택해야만 했습니다. 인고의 날들 속에서 내가 나를 포기하지 않으니 하늘이 나를 도우셨습니다. 그렇게 버티고 걸어온 시간들이 모여 오늘, 이 책을 쓰게 되었습니다.

나는 현재 근무 중인 어린이집에서 원장으로 12년째 아이들과 함께하고 있습니다. 그 전에는 10년 동안 유아 대상 영어학원(영어유치원)을 운영했고, 그 이전에는 작은 어린이집 원장으로 일했습니다. 돌이켜보니, 어느새 30년 넘게 영·유아 교육 현장과 함께하고 있습니다.

두 딸의 엄마로서, 그리고 수많은 부모님과 아이들을 만난 원장으로서 '부모됨'에 대한 깊은 고민과 안타까움이 늘 마음에 남습니다. 원장으로서 내가 가장 중요하게 생각하고 지금까지도 가장 열정을 쏟는 일은 바로 '부모 교육'입니다.

아이를 잘 키우는 일의 중심에는 부모가 있습니다. 그러나 부모 역시 처음부터 잘 할 수 없습니다. 몰라서 못하고, 알아도 여건상 하지 못 하는 일이 많습니다. 나는 온 마음을 다해 부모님들을 돕고 싶었습니다. 수고하고 애쓰시는 부모님들을 진심으로 위로하고 격려하고 싶었습니다. 그것이 내게 주어진 사명처럼 느껴졌습니다.

아이에게 부모는 세상의 전부입니다. 우리 아이들은 부모의 사랑과 돌봄 속에서 자라고 성숙해집니다. 하지만 우리는 특별한 자격 검증 없이 오직 '사랑' 하나로 부모가 되었습니다. 사랑도 배워야 상처 주지 않고, 건강하게 나눌 수 있습니다. 공자님은 "모르는 것을 모른다고 아는 것이 지혜"라 하셨고, "배우고 때에 맞춰 익히면 기쁘지 않은가"라 하셨습니다. '부모됨'을 배우는 일 또한 그렇게 기쁜 일이라 믿습니다.

사실 박사 논문을 쓰며 나는 동서양 고전과 성경을 통해 '사랑'과 '감정'에 대해 깊이 성찰했습니다. 그 과정에서 나는 이미 사랑받은 존재이며, 그 사랑을 흘려보내야 하는 존재임을 알게 되었습니다.

돌아보니 나는 내 자녀에게 '아이들이 받고 싶은 사랑'이 아닌, '내가 주고 싶은 사랑'을 주었습니다. 최고의 엄마가 되고 싶었지만, 서툰 엄마였습니다. 이제야 비로소 미안함과 아쉬움이 보입니다. 그럼에도 나는 최선을 다했기에 '최고의 엄마'는 아니어도 '충분히 좋은 엄마'라고 말하고 싶습니다.

30년 넘게 영·유아 교육의 길을 걸어오며 학교에서 배운 이론을 바탕으로 좋은 교사가 되고 싶던 시절이 있었습니다. 아이를 낳기 전에는 '멋진 원장'이 되고 싶었고, 내 아이와 함께 키울 때는 '훌

류한 원장'이 되고 싶었습니다. 나의 딸들이 청년이 된 지금은 '마음 따뜻한 원장'이 되고 싶습니다. 비로소 아이에게 정말 소중한 것이 무엇인지 보이기 시작했습니다.

그동안 원장으로서 부모님께, 교사에게, 아이에게 미처 다 전하지 못했던 이야기들을 이 책에 담았습니다. 때로는 놀라고 슬프고 아픈 기억들을, 때로는 따뜻하고 기쁘고 행복한 순간들을 떠올리며 이 글을 썼습니다.

부모님, 당신을 응원합니다. 자녀가 힘들고, 부모의 바람처럼 되지 않더라도 성내지 마세요. 모든 것은 '때'가 있습니다. 땅에 떨어진 씨앗이 싹을 틔워 새싹이 되고, 무성한 잎이 달린 큰 나무로 자라나 열매를 맺고, 마침내는 낙엽이 지듯이 우리 삶도 그러합니다. 육아의 힘겨운 시간은 금방 지나갑니다. 상처가 남지 않도록 하루하루에 충실하기를 바랍니다.

지금이 바로 골든타임입니다. 늦었다고 해도 괜찮습니다. 지금부터 다시 잘하면 됩니다. 이 책은 그런 부모님을 위로하고 싶고, 자녀 양육에 작은 도움이 되기를 진심으로 바라는 마음으로 썼습니다. 세상에 나쁜 부모는 없습니다. 서툰 부모일 뿐입니다. 각자의 삶의 자리와 상황이 달라 서로 다른 얼굴로 기억될 뿐, 모두가 귀한 존재라는 사실에는 변함이 없습니다.

'부모가 행복해야 아이가 행복하다'는 당연한 사실과 함께, '행복한 아이가 세상을 행복하게 한다'는 평범한 진리를 이 책을 통해 함께 나누고 싶습니다. 이 책을 읽는 당신은 충분히 좋은 부모입니다. 책의 출간을 앞두고 여기까지 인도하신 하나님께 먼저 감사드립니다. 그리고 지난 시간 어둠 속에서 갈 바를 알지 못할 때 마치 천사의 손길처럼 도움을 주셨던 김동월 원장님, 늦은 나이에 공부를 다시 시작한 나에게 대학원 석사 과정과 박사 과정에서 큰 사랑으로 지도해 주신 허영림 교수님과 안현상 교수님, 부끄럽지 않은 유아 교육 기관으로 나아갈 수 있도록 등대가 되어주시는 김용순 소장님, 무엇보다 은혜로운 하나님의 말씀으로 삶을 인도하시는 이성준 담임목사님께 진심으로 감사드립니다.

어린이집에서 사랑과 정성으로 최선을 다하는 우리 선생님들과 부족한 제 원고를 출판하도록 애써 주신 W미디어 편집자를 비롯해 이곳저곳에서 알게 모르게 도움을 주신 모든 분들께 받은 사랑 잊지 않고 세상으로 흘려보내며 앞으로도 선한 영향력을 나누는 삶을 살아가겠다고 약속드립니다.

끝으로, 서툰 엄마임에도 불구하고 바르고 건강하게 잘 자라 이제는 나의 든든한 지원군이 되어주는 두 딸에게 진심으로 고마움을 전합니다.

---

* 책에서 나이는 '만 나이'이며, 영어유치원은 유아 대상 영어학원을 일컫는 말입니다.

머리말 부모가 행복해야 아이가 행복합니다 · 4

1장 나는 서툰 엄마입니다

엄마라는 이름 속에 숨어버린 나 · 16
통장 잔고보다 더 소중한 감정 잔고 · 19
엄마 때문에 자존감이 바닥이야 · 23
왜 완벽한 아이를 꿈꿨을까? · 26
엄마 마음과 아이 마음 사이에서 · 29
부모는 안전기지, 그리고 떠나보낼 용기 · 32
만나면 기분이 좋아지는 얼굴, 정은혜 작가 · 36
'4등', 그리고 나를 돌아보는 시간 · 39
어린 두 딸과 함께 다녀온 제주도 여행 · 42
다이아몬드가 아니어도 괜찮아 · 45
나도 엄마 아빠에게 따뜻하게 안겨 보고 싶었어요 · 48
내 자식 교육이 제일 어려워요 · 51

2장 나는 어린이집 원장입니다

어린이집은 언제부터 보내는 것이 좋을까요? · 56
우리 아이 어디로 보내야 할까요? · 60
세 살, 어린이집 보내야 할까요? 유치원 보내야 할까요? · 64
원아 모집 홍보 도와드리려고요 · 68
아이가 영재인가 생각했어요 · 71
신학기, 새로운 시작의 한 달 · 73
선생님, 우리 아이는 옷이 모두 비싼 메이커 옷밖에 없어요 · 77
아이가 어린이집에 가기 싫은 이유1 · 80
아이가 어린이집에 가기 싫은 이유2 · 83
아이가 어린이집에 가기 싫은 이유3 · 88
내 아이를 위하여 다정한 어른 되기 · 91
어린이집에서 하루는요… · 94
좋은 어른이 되어주셔서 감사합니다 · 99

3장 말은 사랑을 담는 통로입니다

"싫어!"는 나쁜 말이 아니에요 · 104
칭찬보다 더 큰 힘, 격려 · 107
아이들의 거짓말, 그 속마음을 들여다보다 · 111
아이에게 '말'하지 말고 '대화'하세요 · 114
아이 마음의 언어를 배웁니다 · 119
말하기 전에 다 해주지 마세요, 내 아이 언어 발달의 비밀 · 122

오해 속에서 배우는 이해와 존중 · **125**
말과 믿음 사이 · **128**
사랑과 원칙 사이에서 균형 잡기 · **132**
친구 관계에 개입하고 싶은 순간 · **136**

4장 아이는 자랍니다

세 살의 애착이 평생을 지탱한다 · **140**
아이 마음이 보내는 작은 SOS · **143**
아이 마음의 첫걸음, 기질에서 시작하는 양육 · **146**
친구와 함께 크는 마음, 나와 너 배우기 · **149**
옆집 아이와 함께 배우는 마음 · **153**
아이가 친구를 물 때, 마음을 읽어주는 시선 · **156**
무대 위의 눈물, 마음 속의 용기 · **160**
기다림 속에서 자라는 마음 · **163**
물고기를 주는 사랑, 잡는 법을 가르치는 사랑 · **167**
작은 발걸음, 커진 마음 · **170**
졸업식, 작은 편지 속 큰마음 · **172**

5장 사랑으로 세우는 부모의 길

아이를 중심에, 마음을 담아 · **178**

인간성은 체력에서 시작됩니다 • 182
아이를 보면 부모가 보인다: 맘 힐링 여행을 다녀와서 • 185
부부 힐링 여행을 다녀왔어요, 아이에게 주는 가장 큰 선물 • 187
부부간의 사랑의 언어, 서로의 마음에 닿는 다섯 가지 표현 • 189
화목한 부모가 주는 가장 큰 선물 • 192
내 불안이 아이 마음을 가리지 않게 • 195
멀리 보는 부모와 앞만 보는 학부모 • 198
아이는 부모의 온도를 닮아갑니다 • 200
동의와 거절, 존중에서 시작하는 성교육 • 203
호기심을 지켜보며, 건강한 성교육으로 연결하기 • 206
아이의 질문이 바로 성교육의 시작 • 210
우리 아이, 나답게 자라길 • 214

6장 한때는 영어유치원 원장이었습니다

한때는 영어유치원 원장이었습니다 • 218
플라톤이 본 영어유치원 • 222
피아제에게 배우는 아이의 성장과 배움의 계절 • 226
언어는 사랑처럼 자라납니다 • 230
아이가 걸음을 늦출 권리: 델따쥬와 사교육의 그림자 • 235
마음에서 자라는 아이의 진짜 성장 • 238
영유아기, 안전과 마음 모두 중요해요 • 240
아이의 뇌가 부르는 작은 침묵, 스마트기기 너머를 바라보다 • 244

7장 미래 역량 있는 아이 키우기

스티브 잡스처럼, 내 아이의 미래 역량 지키기 · **248**
짧은 대화가 아이의 평생 문해력을 만든다 · **253**
향기 나는 성품, 아이의 미래 역량 · **256**
부모의 손길로 만드는 아이의 창의적 사고 · **260**
진짜 놀이는 아이를 키웁니다 · **263**
코인 하나, 배움 하나 · **266**
잘 놀고 잘 느끼는 아이로 키우기 · **271**
아이의 눈에는 스마트폰보다 '엄마 얼굴'이 먼저 보여요 · **275**
스프 운동 합시다. 결정적 시기의 스마트폰 없는 유아기 · **279**
좋은 삶이 최고의 교육이다 · **283**

1장

나는 서툰 엄마입니다

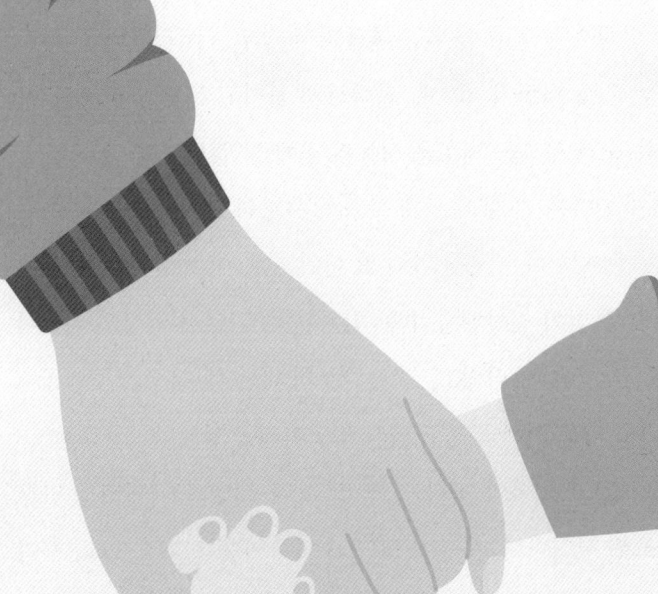

엄마라는 이름 속에 숨어버린 나

　엄마라는 이름은 단순한 역할이 아니라, 또 하나의 삶입니다. 그 삶 속에서 우리는 아이와 함께 자라고, 잊었던 '나'를 다시 배워 갑니다. 인생은 누구나 한 번쯤 흔들리며 배우는 여정입니다. 부모가 된다는 것도 마찬가지지요. 완벽하게 준비된 부모는 없지만, 아이를 품는 순간 우리는 새로운 배움의 길에 서게 됩니다.

　엄마가 된다는 건 삶의 무게 중심이 서서히 옮겨지는 일입니다. 어제까지만 해도 나는 '누군가의 딸'이었는데, 어느 날부터 '누군가의 엄마'로 불리기 시작했습니다. 기뻐할 틈도 없이 일상은 지켜야 할 존재들로 가득 차 버렸고, 그 순간부터 나는 내 인생의 주인공이 아니라 누군가를 위해 사는 조연처럼 느껴지곤 합니다.

　아이를 낳고 엄마가 된다는 건 말로 다 설명하기 어려울 만큼 벅차고 고된 길입니다. 사랑이 크면 클수록 마음은 더 아프고, 두려움도 커져서 하루에도 몇 번씩 눈물이 고이곤 하지요.

둘째를 막 낳고 남편을 떠나보낸 어느 날 아침이 아직도 선명합니다. 23개월과 2개월 된 두 딸을 어린이집에 맡기고 출근 준비를 하다가, 현관 앞에 서서 한참을 울었습니다. 미안해서, 안타까워서 그리고 너무도 사랑해서. 흘러내리던 그 눈물은 결국 사랑의 또 다른 얼굴이었습니다.

낮에는 많은 아이들의 하루를 돌보며 상처를 보듬었지만, 정작 내 아이는 나의 뒷모습만 바라봐야 했습니다. 그럴 때마다 마음속에는 질문이 맴돌았습니다. '나는 지금 잘하고 있는 걸까?', '이 선택이 아이에게 상처가 되지는 않을까?'

육아는 언제나 선택의 연속이고, 그 선택마다 죄책감이 따라옵니다. 전업으로 아이를 키워도, 일을 병행해도 "지금 이대로 괜찮다"고 말하기는 쉽지 않습니다. 어떤 길을 택하든 엄마의 시간은 치열하고 때로는 참 외롭습니다.

어느 날 영화『82년생 김지영』을 보다가 손목 보호대를 찬 채 무표정하게 아이를 안고 있는 지영의 모습에서 숨이 턱 막혔습니다. 그 모습이 마치 나를 바라보는 거울 같았거든요. 나 역시 꿈도, 감정도, 나 자신도 눌러둔 채 '엄마'라는 이름 속에 숨어 살고 있었음을 알았습니다.

그런데 지영이 다시 글을 쓰며 조금씩 자신을 찾아가는 장면에서 나도 조용히 용기를 낼 수 있었습니다. 엄마로 살아간다는 건 아이만 자라는 것이 아니라 엄마도 함께 자라는 길이라는 걸 그제야 조금 알게 되었지요. '엄마이기에' 하고 싶은 걸 포기하는 게 아니라, '엄마이기에' 더 나답게 살아야 한다는 것도요.

지금도 나는 여전히 엄마입니다. 동시에 나 자신으로도 살아가려 애쓰고 있습니다. 짧은 글을 쓰고, 좋아하는 책을 넘기고, 노래를 배우고, 운동을 하며 나를 돌봅니다. 나를 소중히 대할수록 딸들에게 더 따뜻한 엄마가 될 수 있으니까요.

이제는 생각합니다. '엄마'라는 이름은 나를 가두는 족쇄가 아니라, 함께 자라나는 또 다른 나일지도 모른다고. 한때 그 이름 안에 숨어 있던 나를 이제는 천천히, 다시 불러내고 있습니다. 그래서 오늘, 이 책을 펼친 당신에게 조심스럽게 전하고 싶습니다.

"엄마라는 이름 안에서도, 당신은 여전히 당신입니다."

그에 더해 마음 깊은 곳에서는 이렇게 속삭입니다.

"조금 느려도 괜찮아요. 조금 흔들려도 괜찮아요. 오늘의 나와 아이는 이미 충분히 사랑받고 있습니다."

통장 잔고보다 더 소중한 감정 잔고

아이를 키우는 부모라면 누구나 내 아이에게 좋은 것만 해주고 싶어집니다. 나 역시 두 딸에게 부족함 없이 모든 것을 주고 싶었어요. 그래서 하루하루를 쉼 없이 보내며 '잘 키워야 한다'는 책임감에 몸과 마음을 다 바쳤습니다. 낮에는 어린이집 원장으로 아이들과 함께하며 최선을 다했고, 집에 돌아오면 지친 몸과 마음을 겨우 이끌고 두 딸 앞에 섰습니다.

하지만 마음과는 달리 나는 종종 불친절한 엄마가 되어 있었습니다. 아이들이 "엄마!" 하고 다가오면 어느새 "왜?", "엄마 피곤해"라는 말이 먼저 튀어나왔습니다. 두 딸이 하루의 소소한 이야기를 재잘거려도 마음을 다해 듣지 못했습니다. 그저 영혼 없이 듣는 상태였지요. 조금 시끄럽게 떠들거나 큰 소리가 들리면 "소리 좀 줄여", "정신없어"라는 말이 먼저 나왔습니다. 아이가 묻거나 말을 걸면, 나는 자주 "몰라~!", "지금 머릿속이 너무 복잡해, 말 시키지

마…"라고 답하며 아이의 말문을 막곤 했습니다.

밤이 되어 잠들기 전, 동화책을 읽어주겠다며 시작했지만 얼마 지나지 않아 나는 "엄마 피곤하니까, 내일 읽어줄게~", "얼른 자!", "혼나고 잘 거야?"를 반복했습니다. 잠든 두 아이를 보며 후회와 반성의 눈물을 흘리기를 매일 반복했습니다. 아이들이 다 커버린 지금 돌아보면, 그 순간순간의 감동은 나의 기억 속에 남아 있지 않습니다. 아이가 처음 기고, 앉고, 서고, 뛰고, 말하고, 읽고 쓰던 그 순간에도 나는 아이의 마음과 소리에 귀 기울이지 못했습니다.

두 딸의 유일한 보호자이자 가장으로서의 책임감은 사랑조차 충분히 느끼고 전하지 못하는 무겁고 무서운 바위가 되어 나를 짓눌렀습니다. 삶의 무게에 짓눌린 나는 아이에게 무심코 내뱉던 말과 행동이 상처가 된다는 사실조차 깨닫지 못했습니다. 아이의 감정보다 행동과 결과만을 판단하는 데 급급했습니다.

두 딸이 초등학생, 중학생, 고등학생 그리고 대학생이 되는 내내 나는 아이들을 세상에서 가장 잘 키우고 싶었습니다. 기죽지 않고 당당하게, 무엇하나 부족함 없이, 완벽하게 뒷바라지하는 엄마가 되고 싶었습니다. 동시에 두 딸이 흠 없이 바르고 후회 없는 삶, 성공적인 삶을 살기를 바랐습니다. 그 바람은 자연스레 많은 요구로 이어졌습니다. 학업뿐 아니라 일상 속 태도와 말투까지도. 나의 뜻대로 되지 않으면 "너를 위해서야"라는 말로 훈육 아닌 채근을 하기도 했습니다.

그땐 잘 해내야만 했습니다. 남편과의 갑작스러운 이별 이후 나는 홀로 두 딸의 삶을 책임져야 했으니까요. 살아야 하는 이유는 분명했지만, 나의 슬픔을 충분히 애도할 시간은 없었습니다. 가끔은 "왜 나를 혼자 두고 갔느냐"고 원망하고 실컷 울고 싶기도 했지만, 그 마음조차 뒤로 미뤄야 했습니다. 그러다 보니 나 자신을 다독일 틈도 없이 아이들을 향한 무거운 책임감만 점점 더 커졌습니다.

대학원 박사 논문을 준비하던 어느 날, 문득 나 자신을 돌아보게 되었습니다. 그제야 알게 되었습니다. 나는 나의 상처와 충분히 화해하지 못한 채 '엄마'라는 이름으로 아이를 키우고 있었고, 그 무거운 책임감이 정작 아이들에게 필요한 감정의 잔고를 채워주지 못하게 했다는 사실을 말입니다.

어느 날, 청년이 된 작은 딸에게 조심스레 말했습니다.

"미안해. 지금 생각해보니, 엄마가 너희 어렸을 때 마음이 많이 힘들었던 것 같아. 엄마 마음을 먼저 달래고 치료했어야 했는데, 그러지 못한 채 엄마 역할부터 하려다 보니 너무 엄하고 일방적인 엄마가 되었던 것 같아…"

그 말을 들은 작은 딸은 조용히 웃으며 말했습니다.

"응, 맞아. 그런데 엄마, 괜찮아. 엄마도 엄마가 처음이잖아."

그 한마디에 얼마나 위로받았는지 모릅니다.

사실 두 딸은 누구보다 바르고 건강하게 자라주었습니다. 부족했던 건 아이가 아니라, 엄마인 내 마음의 여유 없음과 커다란 욕심이었는지도 모릅니다. 나는 감사와 만족을 모르고, 더 높이 더 멀리를 향해 멈추지 않았던 것이지요.

이제야 나는 나의 상처와 화해를 시작했고, 과거의 슬픔도 다정하게 껴안을 수 있게 되었습니다. 그리고 늦게나마 깨달은 진실 하나가 있습니다. 아이에게 정말 필요한 것은 값비싼 선물도, 완벽한 뒷바라지도 아니었습니다. 그저 마음을 알아주고, 감정을 존중해주는 따뜻한 눈빛과 포옹이었지요.

감정 잔고가 든든한 아이는 자신을 사랑할 줄 알고, 삶의 흔들림 속에서도 쉽게 무너지지 않습니다. 부모로서 우리가 잊지 말아야 할 것은, 아이의 마음을 깊이 들여다보고 감정의 잔고를 채워주는 일입니다. 아이의 마음 속 감정 잔고는 삶의 어려움을 막아주지는 않지만, 어려움을 딛고 다시 일어서는 힘을 길러주는 든든한 바탕이 됩니다. 그것이야말로 아이의 삶을 오래도록 지켜줄 가장 큰 선물이며, 부모가 줄 수 있는 진짜 사랑입니다.

엄마 때문에 자존감이 바닥이야

대학에서 유아교육을 공부하던 큰딸이 어느 날, 오래 눌러둔 마음을 터뜨리듯 나에게 이렇게 말했습니다.

"엄마 때문에 자존감이 바닥이야."

"내가 자존감이 낮은 건 다 엄마 때문이라구~!"

그 순간 머리가 하얘지고 숨이 막히는 듯했습니다.

'내가 얼마나 애써서 너를 키웠는데… 네가 왜 자존감이 낮다고 하는 거지? 게다가 그게 왜 나 때문이라는 거야?'

마음속에서 억울함과 당혹감이 뒤섞였습니다. 입에서는 겨우 "뭐라구?"라는 짧은 말만 흘러나왔지만, 그 뒤로도 한참 동안 딸의 말이 귓가에서 떠나지 않았습니다.

곰곰이 지난 시간을 돌아보니, 딸의 원망이 결코 근거 없는 소리는 아니었습니다. 나는 감정보다는 이성을 중시하며 자라왔고, '감정대로 행동하는 것은 미숙한 일'이라는 교육을 받았습니다. 그래서 나는 나의 감정조차 억누르고, 아이의 감정은 무시하거나 축소하며 지나간 순간이 많았습니다.

치과 치료를 앞두고 "무서워"라고 말하는 아이에게 "무섭긴 뭐가 무서워? 네가 몇 살인데?"라고 핀잔을 주기도 했습니다. 공부와 숙제에 지쳐 "너무 힘들어"라고 하소연하던 아이에게는 "다른 아이들도 다 하는데, 당연히 해야지"라며 당위성만 강조했습니다. 친구와 다투거나 즐거운 일을 이야기할 때도 "응, 그래"라고 짧은 답만 남기고 더 깊이 들어주지 않았습니다. 억압과 축소, 때로는 방임까지. 아이의 마음을 있는 그대로 받아주지 못한 순간들이 많았습니다.

코칭 공부를 하며 '감정 코칭'을 알게 되었을 때, 나의 마음은 무거웠습니다. 그러나 동시에 '지금이라도 시작하면 된다'는 희망도 생겼습니다. 감정 코칭의 첫걸음은 아이의 감정을 있는 그대로 수용하는 것입니다. "만든 집이 쓰러져서 속상하구나", "동생이 때려서 화가 났구나", "달리다 넘어져서 무릎이 아팠구나, 정말 아팠겠다"와 같이 감정에 이름을 붙여주고 공감해주는 것만으로도 아이의 마음은 한결 가벼워집니다. 그리고 그 위에서 함께 해결책을 찾아주면, 아이는 자기감정을 조절하고 상황을 극복하는 힘을 조금씩 길러갑니다.

아이의 감정이 존중되는 경험은 곧 자존감의 뿌리가 됩니다. 자신의 감정을 부끄러워하지 않고 표현하며, 누군가가 그 마음을 받아주고 있다는 것을 느낄 때 아이는 '나는 소중한 존재야'라는 믿음을 내면 깊이 새기게 됩니다.

  뒤늦게 알게 된 감정 코칭은 나에게 새로운 길을 열어주었습니다. 아이의 감정을 억누르지 않고 있는 그대로 받아주는 것, 그 작은 변화가 자존감의 뿌리를 키운다는 사실을 깨달았지요. 청년이 된 두 딸과 함께 살아가는 지금도 나는 여전히 배우고 있습니다. 때로는 조언보다 공감이, 가르침보다 경청이 더 큰 힘이 된다는 것을 조금 늦게 알았을 뿐입니다.

  이제 엄마라는 이름은 가르치는 자리이기보다 함께 걸어가는 동반자의 자리라는 것을 배워가고 있습니다. 그리고 그 길 위에서 나는 두 딸 덕분에 여전히 성장하는 사람으로 살아가고 있습니다.

  아이의 감정을 존중하는 일은 결코 늦지 않습니다. 오늘 내 아이의 마음에 잠시 귀 기울여 보세요. 작은 순간순간이 자존감이라는 큰 뿌리를 키워줄 것입니다.

왜 완벽한 아이를 꿈꿨을까?

어린 두 딸에게 나는 유일한 보호자였습니다. 누구보다 좋은 엄마이고 싶었고, 어쩌면 완벽한 엄마가 되고 싶었는지도 모릅니다. 부모가 둘 다 있는 가정이라면 훈육과 위로의 역할을 나눠할 수 있겠지만, 편모인 나는 어리광과 응석을 받아주면 버릇없는 아이가 될까 봐 늘 걱정이었습니다.

세 살 버릇이 여든까지 간다는 말이 있잖아요. 혹 잘못된 행동이 버릇될까 염려되어 필요 이상으로 단호하고 권위적이었습니다. 어릴 적 아버지 없이 자란 아이를 탓하는 어르신들의 말씀을 떠올리며, 두 딸이 '아빠 없는 딸이라 예의가 없다'는 평가를 받지 않을까 마음 졸였습니다. 게다가 두 딸이 어린이집 원장의 딸이라는 부담감도 내게 있었습니다. 혹시 아이들이 실수하면 교직원과 학부모의 시선이 두려웠고, 나 자신도 혼자 잘 키웠다는 주변 사람들의 인정을 받고 싶은 마음이 컸습니다.

나는 두 딸을 흠잡을 데 없는 아이로 키우려고 했습니다. 인사, 식사 예절, 학교와 학원 일정, 청소년기의 귀가 시간까지 세심하게 챙겼고, "안 되는 건 안 되는 거야", "힘들어도 참고 이겨내야 해"라는 훈육도 빠뜨리지 않았습니다. 나는 딸들이 예의 바르고, 학교에서는 모범생으로, 사회에서는 실력 있는 사람으로 당당하게 살아가길 바랐습니다. 그야말로 완벽한 아이를 꿈꾸었던 것입니다. 그러다 보니 아이와 함께하는 시간은 주로 지적과 훈계로 채워졌습니다. 훈계라 부르지만 사실 대부분 잔소리였습니다. 나는 딸들의 행동을 내 기준에 맞추려 애썼고, 그 과정에서 딸들이 느낄 피로와 짜증은 미처 생각하지 못했습니다.

그러던 어느 날, 어린이집 선생님이 된 큰딸이 학부모와 나눈 메시지를 보고 깜짝 놀랐습니다. "예쁜이의 기분을 먼저 알아차리고 존중해 주며, 필요한 말이라도 길지 않게, 듣기 싫지 않게 하는 것이 중요하잖아요"라는 내용이었습니다. 그제야 깨달았습니다. 내가 늘 1절, 2절 늘어놓던 긴 훈계가 딸들에게는 잔소리로 들렸을지도 모른다는 사실을. 아무리 잔소리를 해도 사람의 마음과 행동을 바꾸는 일은 쉽지 않다는 것을 그날 깨달았습니다. 그날 이후 나는 잔소리에서 멀어지고, 딸의 기분을 먼저 살피며 필요한 말만 간단히 전하는 '센스 있는 엄마'가 되기로 마음먹었습니다.

나는 완벽하지 않은 엄마입니다. 그런데 왜 아이에게 완벽을 요구했을까요? 돌아보니, 아이의 행복만큼이나 이루지 못한 나의 꿈을 내 아이를 통해 이루고 싶은 마음이 내 안에 숨어 있었다는 것을 알게 되었습니다. 먼저 내 감정을 살폈더라면, 딸들의 마음을 따뜻하게 먼저 채워주고, 믿고 맡겨도 충분히 잘 자랄 수 있었을 텐데…

하지만 늦지 않습니다. 오늘부터라도 내 마음을 살피고, 아이와 눈을 맞추며 함께 걸어가는 길은 언제든 시작할 수 있습니다. 완벽하지 않아도 괜찮습니다. 천천히, 서로의 마음을 채우며 걸어가면 됩니다.

엄마 마음과 아이 마음 사이에서

엄마인 나는, 내가 옳다고 생각하고 필요하다고 여긴 것들을 아이들이 따라주지 않을 때면 어느 순간 소리를 지르고, 심지어 때리기도 했습니다. 돌이켜보면, 그것은 바쁘고 피곤한 일상을 아이에게 화풀이하던 나의 부족함이었습니다.

딸들이 초등학교에 다니던 시절, 나는 종종 아이들과 함께 옷가게를 갔습니다. 유아교육을 전공한 내가 학교에서 배운 '교육적으로 아이 스스로 선택하는 기회를 주는 것이 바람직하다'는 내용을 실천하고 싶었습니다.

새 옷들이 즐비한 가게에서 "너희 마음에 드는 옷을 골라봐!"라고 말했지만, 딸들은 쉽게 고르지 못하고 시간을 오래 끌곤 했습니다. 그러다 옷 하나를 골라 들고 나의 표정을 살폈습니다. 눈치를 보는 아이에게 나도 모르게 "네가 알아서 해! 왜 네 맘에 드는 옷도 못 고르는 거니?", "원하는 거 고르라니까, 빨리 골라!" 하고 짜증을 내고 버럭 화를 냈습니다.

그때의 나는, 마음과 행동이 일치하지 못했습니다. 아이들의 선택을 존중하고 싶었지만, 나의 속마음에는 '빨리 해라', '제대로 잘 골라야 한다'라는 조급함과 불안이 함께 자리하고 있었습니다.

세월이 흐른 뒤, 두 딸이 그때의 일을 회상하며 "엄마, 그때 왜 그랬어?"라고 물을 때, 나는 "글쎄~, 그러게 내가 왜 그랬을까?"라고 피식 웃으며 대답을 피했습니다. 속으로는 '진짜 부끄럽다. 스스로 선택하도록 돕고 싶었는데. 마음과 행동이 전혀 맞지 않는 옳지 않은 행동이었다'는 아쉬움과 미안함이 가득 남았습니다.

음악 교육도 마찬가지였습니다. 어린 시절, 나는 체르니 30번까지 배웠습니다. 친정어머니께서는 내게 더 배우기를 권유하셨음에도 불구하고 나는 포기했던 경험이 있습니다. 하지만 다양한 노래를 자연스럽게 연주하기 위해서는 그때 힘들더라도 포기하지 않고 조금 더 배웠어야 했다는 아쉬움이 남아 있었답니다.

내가 못다 한 그런 아쉬움 때문에 나는 딸들은 나와 달리 더 많이, 더 잘 배우기를 원했습니다. 딸들이 힘들다고 피아노 연습을 마다할 때면 협박과 위협으로 아이들의 마음을 억누르곤 했습니다. "너, 후회할 거야!", "안 하면 혼난다!" 그렇게 압박했습니다.

다행인지 불행인지 큰딸은 베토벤, 작은딸은 체르니 40번까지 배웠습니다. 지금은 두 딸 모두 피아노를 여가와 취미로 즐기고 있습니다. 그러나 피아노 하기 싫다고 했다가 혼났던 기억은 아이들에게 여전히 남아 있습니다.

두 딸의 학습과 교육에 대한 방향과 계획은 늘 나의 일방적 제안과 방법으로 '엄마 주도적'이었습니다. 나의 정보력과 경험이 딸들에게 도움이 될 거라 믿었습니다, 그 착각은 "이렇게 해!", "이거 해!"라는 재촉과 강요, 비교, 비난 그리고 협박으로 이어졌습니다. 순간순간 딸들은 억울함을 넘어, 자신들의 항변을 거침없이 내뱉었습니다. "엄마는 엄마 마음대로 하잖아!"라고.

돌이켜보면, 초등학교 2학년 큰딸이 동생을 업고 가방까지 챙기는 모습, 작은딸이 말없이 묵묵히 나의 행동과 감정을 지켜보던 모습, 그 모든 순간이 내 마음에 깊이 새겨집니다. 두 딸 모두 나의 부족함과 채근 속에서도 기적처럼 사랑스럽고 듬직하게 잘 자라주었습니다.

그 시절의 나는 삶의 무게와 책임감은 칭찬보다 채근으로, 격려보다 협박으로 두 딸에게 전해졌습니다. 조금만 마음의 여유가 있었다면 더 친절하게, 더 상냥하게 딸들의 마음의 소리에 귀 기울일 수 있었을 텐데…

딸들아! 미안하고, 사랑한다!

부모는 안전기지, 그리고 떠나보낼 용기

"금명아, 내일 잘 뛸 수 있지?"

"나 1등 할 것 같은데."

"1등? 요이 땅 하면 가는 거야! 못하겠으면 그냥 빠꾸. 자빠지면 아빠한테 냅다 뛰어와. 아빠 내일 뒤에 있을게, 알지?"

"응."

"수틀리면 빠꾸, 아빠한테 냅다 뛰어. 아니다 싶으면 그냥 집으로 뛰어와. 아빠는 집에 있을게."

드라마 『폭싹 속았수다』 속에서 주인공 금명이가 아빠와 나누는 이 대화는 반복해서 등장합니다. "아빠 여기 있어"라는 말이 금명이에게 얼마나 큰 힘이 되었을까요. 그 장면을 보며 나는 가슴이 뭉클해졌습니다. 경제적으로 어려운 상황 속에서도 금명이는 언제나 부모를 마음의 안전기지로 두고 자라났습니다. 넘어져도 다시 일어설 수 있었던 건 뒤에서 지켜봐 주는 든든한 그물이 있었기 때문이겠지요.

그 장면을 보면서 나는 어린 시절의 나 자신을 떠올렸습니다. 과도한 음주와 잦은 폭력을 휘두르던 아버지, 투박하고 늘 바쁘기만 하셨던 어머니. 그 앞에서 나는 늘 '순종적인 착한 딸'일 수밖에 없었습니다. 부모님은 일상생활에 필요한 옷과 신발, 학용품과 용돈을 늘 챙겨주셨지만, 마음을 기댈 그물은 나에게 없었습니다. 넘어져도 붙잡아줄 손, 흔들릴 때 달려가 안길 품이 없었던 거지요.

아이에게 가장 소중한 것은 통장 잔고가 아니라, 마음으로 만들어 주는 안전한 기지입니다. 아이들은 언제든 기대어 쉴 수 있는 포근한 그물이 있어야 세상과 맞서며 자신감을 키워갑니다. 경제적, 물질적 지원만으로는 아이의 내면을 단단하게 세울 수 없습니다.

부모는 그저 그 자리에 존재하며, 아이가 손을 뻗으면 닿을 수 있는 정서적 안전기지가 되어야 합니다. 아이가 넘어지고 실패할 때 "괜찮아, 나는 여기 있어"라고 말해주는 존재가 있기에 독립과 도전이 가능해지는 것이지요.

심리학자 에르나 퍼먼은 "엄마는 자식을 떠나보내기 위해 존재한다"라고 말했습니다. 여기서 '존재한다'는 것은 무엇을 대신해 주는 것이 아니라, 지켜보며 기다려 주고, 필요할 때 돌아올 수 있는 자리를 마련해 주는 것을 뜻합니다. 바로 그 자리에 있어 주는 것, 그것이 부모의 가장 큰 역할입니다.

나는 비록 받아보지 못해 서툴지만, 이제라도 두 딸에게만큼은 언제든 돌아올 수 있는 안전기지가 되어주고 싶습니다. 넘어져도 달려오면 품에 안길 수 있는 엄마, 두 팔을 벌려 따뜻하게 안아주는 엄마가 되어 그 자리에서 늘 아이들을 기다려 주고 싶습니다. "엄마가 여기 있어"라는 말과 함께. 그것이 아이의 마음을 든든하게 하고, 세상을 살아갈 큰 힘이 될 테니까요.

부모는 아이에게 안전기지가 되어주어야 하지만, 동시에 아이가 스스로 세상으로 나아갈 수 있도록 조금씩 떠나보낼 용기도 필요합니다. 두 가지를 함께 품는 일은 서툴게 느껴져도 괜찮습니다. 완벽한 부모는 없으니까요. 중요한 것은 아이가 마음의 뿌리를 내릴 수 있는 토대를 만들어 주는 일입니다.

심리학자 에리히 프롬은 말했습니다. 인간이 성장하기 위해서는 단순한 지식이나 기술만이 아니라, 마음 깊이 뿌리 내릴 수 있는 토대가 필요하다고요. 뿌리가 깊지 못한 나무가 바람에 쉽게 흔들리듯이 아이도 마음의 안정과 사랑이라는 뿌리가 튼튼하지 못하면 바른 성장을 기대하기 어렵습니다.

그 뿌리는 무엇일까요? 아이에게 사랑을 주는 부모의 품, 아이를 있는 그대로 존중해 주는 관계의 울타리, 그리고 아이가 반복되는 경험 속에서 안심하고 탐색할 수 있는 안정감입니다. 이런 토대 위에서 아이는 배움의 가지를 뻗고, 자기다운 꽃을 피울 수 있습니다.

겉으로는 빨리 배우고 성과를 내는 것처럼 보여도 마음에 뿌리를 내리지 못한 배움은 쉽게 시들어버립니다. 부모가 줄 수 있는 가장 큰 선물은 조기 학습이나 성적이 아니라, 아이가 안심하고 기댈 수 있는 사랑과 신뢰의 뿌리입니다. 그 뿌리가 튼튼할 때, 아이는 언젠가 혼자서도 당당히 세상에 서고, 자기 삶을 꽃피워 나갈 수 있습니다.

그 뿌리가 자리를 잡으면, 아이와 부모 사이에 특별한 순간이 찾아옵니다. 아이를 바라보는 시선이 달라지고, 아이의 작은 웃음에도 마음이 따뜻해지며, 하루하루의 소소한 순간이 전보다 더 소중하게 느껴집니다. 만나면 기분이 좋아지는 얼굴처럼 아이의 표정 속에서도 사랑과 신뢰가 자라나는 것을 발견하게 됩니다.

아이 마음에 튼튼한 뿌리를 내려주고 그 위에서 마음껏 성장하도록 지켜보는 일, 서툴지만 부모로서 우리가 할 수 있는 가장 큰 사랑이 아닐까요.

만나면 기분이 좋아지는 얼굴, 정은혜 작가

    2022년 가을, 제주도의 한 파크에서 햇살이 부드럽게 내려앉은 길을 따라 걷다 우연히 '만나면 기분이 좋아지는 니 얼굴 - 정은혜 특별전'의 작은 간판을 발견했습니다. 큰 기대 없이 들어선 전시실 안. 벽에는 환하게 웃고 있는 정은혜 작가의 얼굴들이 걸려 있었고, 그 옆에는 짧지만 마음을 울리는 글귀들이 놓여 있었습니다. "사람을 안으면 제가 따뜻해지죠. 따뜻하면 기분이 좋아요. 포옹은 사랑이에요." 이렇게요.

    첫걸음을 떼는 순간 마음속에서 조용한 전율이 일었습니다. 솔직히 말하면, 아이들을 교육하는 나 역시도 발달장애인에 대한 고정관념과 사회적 편견을 마음 한편에 가지고 있던 사람이었습니다. 그런데 정은혜 작가의 그림과 글에서는 사람을 향한 따뜻한 시선과 사랑이 느껴졌고, 그 마음이 그대로 제 마음에 스며들었습니다.

그 순간 문득 떠오른 것은 한 번도 만난 적 없는 정은혜 작가의 어머니였습니다. 20살이 넘도록 사회와 단절된 딸을 걱정하며, 작은 일에도 딸이 활력을 얻을 수 있도록 세심하게 돌보던 어머니는, 어느 날 우연히 본 딸의 간단한 스케치 속의 그 짧은 선 하나에서 숨겨진 재능과 가능성을 발견합니다. 그것을 사랑으로 키워주기 시작한 순간의 모습은 나에게 큰 감동과 깨달음을 주었습니다.

아이에게 없는 것을 채우려 애쓰는 것보다, 이미 가진 작은 빛과 재능을 발견하고 함께 키워주는 손길이 얼마나 큰 힘이 되는지를 보여주는 순간이었습니다. 작은 가능성을 발견하고, 그것이 자라날 수 있도록 따뜻하게 지켜보는 손길이 아이에게 더 큰 자신감과 행복을 준다는 사실을 다시 한번 느낄 수 있었습니다.

부모인 우리는 종종 아이의 행복보다 세상이 원하는 기준에 더 관심을 둡니다. 건강하고 평범한 내 아이에게 감사하기보다, 겉으로 드러난 성취와 결과만 바라보는 경우가 많지요. 그러나 정은혜 작가의 작품에는 사람을 향한 진심 어린 사랑이 가득합니다.

남과 다른 자신의 얼굴을 당당히 사랑할 줄 아는 그녀는, 자신을 사랑할 줄 아는 만큼 타인도 사랑할 줄 아는 사람입니다. 사랑받은 몸과 마음은 결국 세상으로 사랑을 흘려보낼 줄 알게 되니까요.

나 역시 부모로서, 내 아이가 자신을 사랑하며 당당하게 세상을 살아가고, 자신 안에 있는 소중한 가능성을 발견하고 키워나가길 바랍니다. 화려한 외모나 세상의 기준에 맞추기보다, 자신만의 재능과 가능성을 믿고 발전시키며 살아갈 수 있도록 지지하는 부모가 되고 싶습니다.

  정은혜 작가의 웃음과 작품처럼 우리 아이들이 세상 속에서 자신답게 빛나고, 자신의 가능성을 마음껏 펼치며 살아갈 수 있는 길을 만들어 주는 것이 부모로서 할 수 있는 가장 큰 사랑임을 전하고 싶습니다.

'4등', 그리고 나를 돌아보는 시간

 아이를 키우며 부모가 자주 마주하는 질문 중 하나는 '내가 지금 하고 있는 것이 정말 최선일까?'일 겁니다. 나도 평소 아이의 성취와 마음 사이에서 균형을 잡으려 노력하지만, 때로는 기대와 욕심이 먼저 마음을 채우는 순간이 있음을 느낍니다. 영화 《4등》을 보고 난 후, 그 질문을 다시금 마음 깊이 새기게 되었습니다.

 준호는 수영을 좋아했습니다. 물속에서 자유롭게 움직일 때면 세상 모든 근심이 사라지는 듯했습니다. 하지만 아무리 노력해도 그는 늘 '4등'이었습니다. 1등이라는 숫자는 머리 위에 커다란 그림자처럼 드리워 있었고, 엄마의 기대는 숨이 막히게 느껴졌습니다.

 엄마인 정애는 준호가 수영을 좋아하는 것을 알고 있었습니다. 그러나 '4등'이라는 성적은 그녀의 마음을 불안하게 했습니다. 사랑하는 아들이 조금 더 나은 환경에서 훈련하며 성장하기를 바라는 마음, 그것이 바로 엄마의 최선이라고 믿었습니다. 그래서 유명

한 코치 광수를 찾아갔고, 그것이 아들의 성장을 위한 길이라 확신했습니다.

하지만 훈련이 시작되자, 준호는 코치의 매서운 눈빛과 체벌 앞에서 점점 위축되어 갔습니다. 즐겁던 수영이 부담과 두려움으로 바뀌는 순간이었습니다. 정애 또한 광수가 준호에게 가하는 강압적인 훈련을 보며 마음이 흔들렸습니다. '내 사랑이 과연 옳은 길을 가고 있는가? 기대와 욕심이 아이를 짓누르고 있지는 않은가?' 하는 생각이 머릿속을 가득 채웠습니다.

결국 준호는 수영을 그만두겠다고 결심했습니다. 그리고 정애는 깨달았습니다. 부모의 사랑은 때로 무거운 기대가 되고, 그 기대가 아이를 힘들게 만들 수 있다는 사실을 말입니다.

아이에게 필요한 것은 단순한 성적 향상이나 성과가 아니라, 마음의 여유와 즐거움 그리고 안전하게 실패를 경험할 수 있는 공간임을 다시 한번 느꼈습니다.

영화를 보면서, 나는 자연스럽게 나 자신을 돌아보았습니다. 나도 모르게 아이에게 기대를 지나치게 쏟고 있지는 않은가, 내 욕심이 아이를 짓누르고 있지는 않은가 돌아보게 되었습니다. 아이의 작은 성취보다 결과에 집중하며 마음의 여유를 놓친 순간들을 떠올리면서, 부모로서의 나를 성찰하는 시간이 되었습니다.

영화가 주는 메시지는 분명했습니다. 아이를 진정으로 사랑한다면 먼저 부모가 자신을 돌아보고 마음을 다스려야 한다는 것입니다. 아이의 마음을 이해하고, 작은 시도와 실패에도 함께 숨을 고르며 지켜봐 주는 여유를 가지는 것, 그것이 아이에게 가장 큰 안정과 용기를 주는 방법임을 깨달았습니다.

나는 청년이 된 딸들을 바라보며, 딸들의 성취보다 마음의 상태와 즐거움에 집중하자고 다짐해 봅니다. 그리고 내가 먼저 기대와 욕심을 돌아보고 내려놓는 연습을 합니다. 뿐만 아니라 작은 실패와 실수를 자연스러운 성장 과정으로 받아주며, 딸들이 스스로 도전하도록 격려하려 합니다.

부모와 아이는 서로의 마음속 거울과 같습니다. 부모가 자신을 돌아보고 이해하려 노력할 때, 아이도 자신을 안전하게 표현하며 성장할 수 있습니다. 나는 영화 《4등》을 보며 또다시 나를 돌아볼 수 있었습니다.

어린 두 딸과 함께 다녀온 제주도 여행

아이들이 일곱 살, 여섯 살이던 어느 여름이었습니다. 두 딸이 다니던 어린이집에서 '아빠 참여수업'이 열린다는 안내문을 받았습니다. 그 순간 제 마음이 덜컹 내려앉았습니다. 두 딸에게 "우리는 아빠가 없어서 못 가"라고 솔직히 말할 용기가 없었기 때문이었죠.

며칠 동안 고민했습니다. 그러다 문득 생각했어요. '아빠 참여수업' 대신 두 딸에게 특별한 추억을 만들어 줄 방법이 없을까 하고요. 그렇게 마음을 다잡고 용기를 냈습니다. 두 딸의 생애 첫 제주도 여행을 계획했습니다.

TV 화면 속으로 바다를 보며 "엄마, 저게 뭐야? 어디야?" 묻던 딸들, 그림책으로만 알던 비행기를 처음 타는 두 딸의 얼굴은 기대와 설렘으로 반짝였습니다. 창문 너머로 펼쳐진 하늘을 보며 "엄마, 구름 좀 봐봐! 구름이 이렇게 가까워!" 하고 말할 때, 저도 아이들과 함께 처음 세상을 만나는 기분이었죠. 비행기를 처음 타고, 바다를 처음 본 그날의 아이들 눈빛은 지금도 잊을 수 없습니다.

제주 공항에 내리자, 바람이 먼저 다가와 인사했어요. 바다는 생각보다 훨씬 더 깊고 푸르렀습니다. 하지만 엄마 혼자 두 아이를 데리고 다니는 일은 결코 쉽지 않았습니다. 그럼에도 하나라도 더 보여주고 싶고, 하나라도 더 느끼게 해주고 싶어서 빽빽한 일정을 채웠습니다. 버스에 오르내리며 부지런히 이곳저곳을 다녔습니다. 나는 체력적으로는 많이 힘들었지만, 아이들이 제 손을 꼭 잡고 웃을 때면 피로가 금세 녹았습니다.

그때 2박 3일 여행은 우리 셋 모두에게 오래도록 마음에 남은 소중한 시간이 되었습니다. 사실 그 여행은 아이들을 위한 선택이기도 했지만, 한편으로는 제 마음의 결핍을 채우기 위한 용기이기도 했습니다.

그 시절의 저는 아빠와 함께 다니는 가족들을 볼 때면 괜히 부럽고, 그 부러움이 종종 열등감이 되어 마음 한쪽을 무겁게 했습니다. 그 기억 덕분에 지금도 어린이집에서 행사를 준비할 때면, 혹시 누군가 마음 아플지 모를 상황이 없는지 주의 깊게 살펴보곤 합니다.

그때는 주말마다 부모와 함께 외식하고 나들이 가는 가족들이 참 부러웠습니다. 혹시라도 누군가 "저 집은 왜 아빠가 없지?" 하고 생각하지 않을까 걱정하며 내가 괜스레 마음을 숨기던 시절이었죠.

세월이 흘러 나의 친구들에게 그때의 이야기를 하면 "아휴, 아빠 있어도 나 혼자 애들 데리고 다녔는데 뭐~" 하고 웃습니다. 그 말을 듣고서야 알았습니다. 내가 괜한 걱정을 했다는 것을요.

내가 결핍으로 느끼는 그 무엇들은 누가 상처 주지 않아도 스스로 상처가 되곤 하잖아요. 나의 가장 약한 부분이 건드려질 때 상처가 나거든요. 그래서 마음이 아파올 때가 있습니다. 그 시절의 저는 그 상처를 용기로 이겨내 보려 무던히 애썼던 것 같습니다.

제주도 여행을 다녀온 뒤로 저는 한결 자신감이 생겼습니다. 그해 이후로는 여름휴가 때마다 더 큰 용기를 내어, 가까운 해외로도 아이들과 함께 여행을 떠났습니다.

지금 돌이켜보면, 참 용기 있고 씩씩한 엄마였던 것 같습니다. 결핍이 있었기에 용기를 냈고, 용기 덕분에 사랑을 더 크게 배웠습니다. 그 시절의 저는 완벽하지는 않았지만 아이들에게 최선을 다하고, 세상에서 가장 따뜻한 엄마가 되기 위해 노력하는 엄마였어요.

다이아몬드가 아니어도 괜찮아

　DISC 행동유형* 강의를 들으며 문득 나 자신을 다시 바라보게 되었습니다. 15년 전, 나는 관계 중심의 지도자형인 DIS형이라는 평가를 받았지만, 이번에는 ID형인 설득가형으로 나왔습니다. 시간이 흘러도 내 안의 'I'와 'D', 영향력과 주도성은 여전히 강하게 살아 있었습니다. 그건 내가 살아온 길과, 세상 앞에서 나를 표현해 온 방식이 깊이 스며든 결과이겠죠.

　강의를 해주신 홍광수 박사님이 하신 말씀은 가슴 속 깊이 박혔습니다. "I와 D 유형의 부모는 아이를 통해 자신의 욕망을 이루려 할 수 있습니다. 다이아몬드를 사파이어로 바꾸려 할 수도 있지요." 마치 내 마음을 정곡으로 콕 찌르는 듯한 말이었습니다.

　사실 내 오래된 메일 닉네임은 '다이아몬드'입니다. 젊은 시절, 나는 강하고 완벽한 것이 가장 귀하다고 믿었고, 내 아이도 남들보다 특별하게 빛나길 바랐습니다. 하지만 치열한 삶을 살아내며 깨달았습니다. 누구나 다이아몬드일 필요는 없다는 것을. 사파이어는 사파이어대로, 루비는 루비대로 각자의 빛을 내는 순간 세상은 더 아름다워진다는 것을. 성경에 쓰여 있는 건축가들이 버린 돌이 모퉁이의 머릿돌과 같은 귀한 존재로 쓰임 받은 이야기처럼 말이에요.

이제는 아이에게 완벽하게 반짝이길 강요하지 않습니다. 아이마다 스스로 빛날 줄 아는 고유한 색이 있으니까요. 그 진심이 마음에 새겨졌을 무렵, 작은딸의 말이 떠올랐습니다.

"엄마, 나 사실 태권도 배우고 싶었어. 몰래 친구 따라 몇 번 갔는데, 엄마가 싫어할까 봐 그냥 말 안 했어."

그 말은 조용했지만, 내 마음 깊숙이 흔들림을 주었습니다. 나는 내 방식대로 '좋은 것'만을 주려고 했고, 아이의 작은 바람 하나조차 허락하지 않았습니다. 대신 내가 생각하는 기준에 맞게 필요한 것들, 즉 피아노, 미술, 영어, 논술, 수학 등으로 채운 시간 속에서 아이의 마음은 조용히 그러나 분명히 다쳤을지도 모릅니다.

돌이켜보니, 아이에게 진짜 필요했던 것은 엄마의 열심이 아니라, 그저 따뜻한 관심 한마디였습니다. "넌 어떤 게 좋니?" 그 한마디가 아이가 자신의 색을 찾아 빛나도록 허락하는 마음이었겠지요.

아이를 빛나게 만드는 가장 큰 힘은, 엄마가 먼저 아이를 있는 그대로 사랑하고 믿어주는 마음이라는 것을 딸들이 청년이 되어서야 알게 되었습니다. 나는 다짐합니다. 이제부터라도 딸들의 작은 바람이 피어나도록, 딸들의 마음이 다치지 않도록, 딸들이 자신을 사랑할 수 있도록 곁에서 묵묵히 지켜보고, 조용히 응원해주겠다고. 그것이야말로 내가 아이에게 줄 수 있는 가장 큰 선물임을 이제야 깨닫습니다.

* DISC 행동유형은 Dominance(주도형), Influence(사교형), Steadiness(안정형), Compliance(신중형)의 약자로, 개인이 환경에 따라 자연스럽게 나타나는 행동 패턴을 4가지 유형으로 분류하는 이론

나도 엄마 아빠에게 따뜻하게 안겨 보고 싶었어요

나의 친정아버지는 키가 크고 얼굴도 잘생기셨습니다. 사실 난 나의 아버지 같은 외모는 싫어합니다. 왜냐하면, 폭력적이고 무서운 아버지였으니까요. 어린 시절, 친정 부모님은 내게 늘 두렵고 먼 존재였습니다.

어린 나는 늘 두려움 속에서 부모님의 큰 목소리와 거친 행동을 견뎌야 했습니다. 아주 가끔 아버지가 기분이 좋은 날, 술 냄새를 풍기며 거칠고 따가운 턱수염을 잠든 저의 볼에 비비기도 했어요. "우리 공주님"이라 부르며 잠을 깨우기도 했습니다.

하지만 사랑과 두려움 사이의 간극은 어린 내 마음을 채워주지 못했습니다. 나는 부모님께 늘 순하고 착한 딸이기는 했지만, 마음과 감정을 솔직하게 표현하지는 않았습니다. 무엇을 사달라고 조르거나 투정을 부리지도 않았습니다. 부모님은 그러한 저를 '착하다'고 칭찬하셨습니다. 사실 나는 두려움 속에서 살아남기 위해 늘 조심하고 눈치를 보고 있었던 거였습니다.

학창 시절, 시험 성적을 받는 날이면 마음이 두근거렸습니다. 혹 낮은 점수가 나오면 아버지에게 혼날까, 어머니에게 실망을 안겨드릴까 두려웠기 때문이었습니다. 그럼에도 나는 늘 태연한 척, 아무 일도 없었던 것처럼 하루하루를 보냈습니다. 그렇게 어린 나는 늘 '괜찮은 척'하는 법을 배웠습니다.

돌이켜보면, 나는 의식주는 비교적 넉넉히 제공받았지만, 마음 깊이 느낄 수 있는 따뜻한 돌봄은 늘 내게 부족했습니다. 그래서 어린 나는 '빨리 어른이 되어서 독립하고 싶다'는 마음을 품게 되었고, 부모님의 큰 목소리와 거친 행동은 늘 마음에 공포감과 두려움으로 남아 있었습니다.

나는 부모님이 마구 쏟아내는 감정을 받아들이고, 그것을 당연하게 여기며 자랐습니다. 그리고 어쩌면 나도 모르게 그 감정을 나의 두 딸에게도 전달하고 있었던 것은 아닐까 생각합니다.

나는 이제 알았습니다. 상처로부터 자유로워지기 위해서는 먼저 내 안의 상처받은 어린아이를 바라보고, 그 아이가 필요로 했던 따뜻함을 채워주는 것이 필요하다는 것을. 부모에게 받지 못했던 보살핌과 사랑을 이제는 내가 자신에게, 그리고 내 아이에게 줄 수 있습니다. 나는 종종 나를 쓰다듬어 줍니다. 나의 머리를, 어깨를 두 손으로 토닥토닥. 그 방법은 어렵지 않습니다. 매일 작은 순간 속에서 충분히 실천할 수 있습니다.

아이를 꼭 안아주세요. 몸과 마음으로. 아이가 세상에서 가장 안전하고 따뜻한 보살핌이 느껴지도록.

부모가 먼저 내 안의 상처를 알아차리고 작은 따뜻함과 보살핌을 실천할 때, 아이도 그 사랑과 안전감을 배웁니다.

내 자식 교육이 제일 어려워요

"내 자식 교육이 제일 어려워요. 자식은 내 마음대로 안 돼요."

오랜만에 대학원 동기들과 모임을 가졌을 때, 서로의 입에서 거의 동시에 터져 나온 말이었습니다.

유아교육학과 석사 과정을 함께하던 시절, 나는 마흔이 넘은 '왕언니'였습니다. 다른 세 명은 아직 20대와 30대 초반의 풋풋한 동생들이었습니다. 그때 나는 두 딸의 엄마였고, 그녀들은 아직 결혼 전이거나 출산 전이었지요. 공부하며 배운 이론을 훗날 자녀 교육이나 유치원 운영에 제대로 적용해 보고 싶다는 열정으로 가득했던 시절이었습니다.

세월이 흘러 십여 년이 지난 지금, 우리는 모두 부모가 되었습니다. 나는 여전히 '왕언니'로서, 선배 엄마입니다. 동기들을 만나는 시간은 여전히 즐겁지만, 웃음소리 속에 묵직한 한숨이 섞여 나오기도 합니다.

교사와 원장으로 수많은 아이들을 지도했던 우리가 정작 자기 아이 앞에서는 어쩔 줄 몰라 하는 이야기를 나누다 보면, 참 아이러니하면서도 인간적인 위로가 됩니다. 그중에서도 가장 인상 깊었던 이야기는 늘 성실하고 모범적이었던 은지의 고백이었습니다. 대학원 시절 우수 논문상을 받을 만큼 열심히 공부하고 반듯했던 그녀는 교사의 길 대신 전업주부가 되어 두 남매를 정성껏 키워 왔습니다.

그런데 어느 날 큰아들과 함께 다녀온 심리상담에서 의외의 결과를 들었다고 전했습니다. 아들은 건강하게 잘 자라고 있다는 평가였지만, 뜻밖에도 '엄마의 불안 수치'가 높게 나타났다는 것입니다. 나는 순간, 완벽을 추구하던 은지의 성향이 그대로 양육에도 드러난 것이라 직감했습니다. 그래서 조심스럽게 물었습니다.

"혹시 학교에서 배운 지식을 완벽하게 실천하려는 마음이 오히려 네 불안의 원인이 된 건 아닐까?"

은지는 망설임 없이 고개를 끄덕였습니다.

"맞아요. 저도 느껴요. 아들이 남편처럼 좋은 직장에서 인정받는 사람이 되길 바라다보니 제 마음이 자꾸 불안으로 드러나는 것 같아요."

다른 동기들의 이야기도 다르지 않았습니다. 사춘기 딸을 둔 혜주는 딸의 눈치를 보며 지낸다며 한숨을 쉬었고, 입시를 앞둔 자녀가 있는 윤정이는 아이 성적과 진로 문제로 인한 스트레스를 털어놓았습니다. 나 역시 청년이 된 두 딸의 결혼에 대한 바람을 솔직하게 나누며, 엄마로서 여전히 내려놓지 못하는 마음을 고백했습니다.

그 순간 깨달았습니다. 세상은 분명 아는 만큼 보입니다. 하지만 때로는 아는 것이 우리를 더 힘들게 하기도 합니다. 교과서에서 배운 이론은 실제 자녀 양육과 부모 역할 수행을 하기에는 결코 만만하지 않습니다. 아이마다 타고난 기질이 다르고, 발달 속도에도 차이가 있으며, 시대와 환경은 끊임없이 변화하기 때문이지요.

그래서 부모에게 필요한 것은 '완벽함'이 아니라 '유연함'입니다. 지식과 원리를 아는 것도 중요합니다만, 내 아이의 고유한 모습과 특수한 상황을 존중하며 조율할 줄 아는 지혜가 더 큰 힘이 됩니다.

내 마음대로 되지 않는 것이 자녀이고, 교육입니다. 그러나 바로 그 자리에서 부모인 우리도 아이와 함께 배우고 성장합니다. 진짜 교육은 부모가 아이를 가르치는 일이 아니라, 아이를 통해 부모가 더 넓고 깊게 성숙되어지는 과정입니다. 그 길에서 우리는 비로소 깨닫습니다. 아이를 키우는 일은 '내가 정답을 주는 일'이 아니라, '함께 답을 찾아가는 여정'이라는 것을 말이지요.

나는 어린이집 원장입니다

2장

어린이집은 언제부터 보내는 것이 좋을까요?

"내 아이를 언제부터 어린이집에 보내는 것이 좋을까요?"

"아이가 아직 어려서 괜찮을까요?"

아이를 키우는 부모라면 한 번쯤 해보는 질문입니다. 저 역시 현장에서 수많은 부모님들로부터 이 고민을 들었습니다.

많은 유아교육 학자들은 오래 전부터 만 36개월 이전까지는 가급적 엄마와 함께 집에서 양육하는 것이 바람직하다고 합니다. 이유를 살펴보면 먼저, 영·유아 발달 과정에서 만 18개월에서 36개월 사이에 '대상 영속성'이 발달하기 때문입니다.

대상 영속성이란 눈에 보이지 않아도 어떤 사물이나 사람이 여전히 존재한다는 개념입니다. 예를 들어 '까꿍 놀이'는 대상 영속성 개념을 키워주는 대표적인 놀이입니다. "엄마 없다!" 하며 얼굴을 가렸다가 "까꿍, 여기 있네!" 하고 다시 나타나는 순간, 아이는 "엄마가 눈앞에 보이지 않아도 여전히 내 곁에 있구나!" 하는 믿음을 조금씩 배우게 됩니다.

엄마가 보이지 않으면 세상이 사라져 버린 듯 울음을 터뜨리는 아기의 마음을 떠올려 보세요. 엄마와 하나였던 태아 시절에서 갑자기 떨어져 나온 아가에게, 엄마의 부재는 그만큼 두렵고 불안한 경험일 수밖에 없습니다. 따라서 엄마가 사라져도 존재한다는 인식이 자리 잡는 시기, 대략 3세 전후부터 어린이집 생활에 조금 더 안정적으로 적응할 수 있다고 보는 것입니다.

발달 심리학자 에릭슨은 생후 첫 1년을 '신뢰감 대 불신감'의 시기라 불렀습니다. 아기의 욕구에 민감하게 반응해 주는 엄마와 가족을 경험할 때 아기는 세상이 믿을 만한 곳이라는 기본 신뢰를 쌓습니다. 반면에 일관성 없는 반응이나 거부, 소홀함을 경험하면 세상에 대한 불신이 자리 잡을 수도 있습니다.

이 시기의 애착 경험은 아이의 정서와 사회성 그리고 인지 발달 전반에 깊은 영향을 미치게 됩니다. 안정적인 애착을 형성한 아이는 자신이 사랑받고 있음을 느끼며, 자존감과 자기 효능감이 높아집니다. 그만큼 앞으로의 대인관계에도 긍정적인 힘을 주지요. 그래서 '36개월 이후가 더 좋다'는 의견이 생긴 것이겠지요.

하지만 요즘은 상황이 많이 달라졌습니다. 맞벌이 가정이 늘어나면서 엄마 혼자 온전히 집에서 아이를 돌보는 것이 어렵습니다. 또한 엄마 개인의 자아 성취와 사회적 역할도 더 이상 미룰 수 없는 중요한 가치가 되었지요. 그렇기 때문에 무조건 36개월 이후여야 한다는 기준은 현실에 맞지 않을 수 있습니다.

나는 부모님들께 이렇게 말씀드리고 싶습니다. "언제 보내는 것이 좋을까요?"라는 질문보다 "어떻게 보내면 좋을까요?"라는 고민이 더 중요하다고요. 만약 맞벌이로 육아를 도와줄 사람이 없다면 어린이집은 든든한 파트너가 됩니다.

다만, 전업주부라면 아이를 언제부터 보내는 것이 좋은지 고민하게 되지요. 나는 그 답이 '엄마와 아이가 서로 힘들어질 때'라고 생각합니다. 엄마가 지치고 우울해서 아이에게 웃어주기조차 어렵고, 하루 종일 함께하는 시간이 오히려 관계를 힘들게 할 때가 있습니다. 그런 경우 어린이집은 아이와 엄마 모두에게 숨 쉴 틈을 주는 좋은 선택이 될 수 있습니다.

아이의 언어 발달에는 엄마의 적극적인 반응이 꼭 필요합니다. 엄마가 수다스럽게 말을 걸고, 아이의 옹알이에 눈을 맞추며 답해주는 것이 언어와 정서 발달을 크게 돕습니다. 하지만 육아에 지쳐 소홀해지기 전에 아이에게 필요한 자극과 사랑을 충분히 받게 하기 위해서 어린이집을 활용하는 것도 현명한 방법이 될 수 있습니다.

결국 중요한 것은 정해진 나이 기준이 아니라, 아이와 나의 상황을 함께 살피는 일입니다. 아이에게 안정과 사랑이 계속 전달될 수 있는 방법을 찾는 것, 그것이야말로 가장 좋은 때를 결정하는 기준이 아닐까요?

아이를 어린이집에 보내야 할 시기는 어느 날 불현듯 드러납니다. 잠깐 엄마가 자리를 비워도 금세 울음을 그치고 다시 놀이에 집중하는 모습에서 아이는 작은 분리 경험을 이겨낼 힘을 키워가고 있습니다. 엄마와 떨어졌다가 다시 만났을 때 느끼는 안도감은 세상에 대한 신뢰로 이어집니다.

또 하루의 리듬 속에서도 신호가 보입니다. 식사와 낮잠, 배변 습관이 조금씩 자리를 잡아가면서 아이는 일상에 자신만의 질서를 만들어갑니다. 이것은 어린이집 생활의 큰 기반이 됩니다.

그리고 또래를 향한 눈빛 속에서도 준비는 드러납니다. 친구가 쌓은 블록을 유심히 바라보다가 어느새 옆에 다가와 함께 놀이하려는 모습, 그 호기심과 관심이 바로 사회적 경험을 넓혀가는 첫걸음입니다.

이처럼 아이는 일상 속 작은 순간들로 "나 준비됐어"라는 신호를 전합니다. 부모가 해야 할 일은 그 신호를 눈여겨보고, 따뜻하게 응답해 주는 일입니다. 기억하세요. '언제 보내느냐'보다 더 중요한 것은 '어떤 마음으로, 어떻게 보내느냐'입니다. 부모의 신뢰와 격려는 어린이집 담장 너머에서도 아이를 지켜주는 가장 큰 힘이 됩니다.

우리 아이 어디로 보내야 할까요?

아이를 맡길 교육 기관을 찾을 때면 누구나 마음이 흔들리기 쉽습니다. 예쁜 교실, 최신 교구, '놀이학교', '영어유치원', '스페셜 클래스' 같은 멋진 이름만 들어도 특별하게 느껴지니까요.

나 역시도 어린이집 현장에서 부모님들의 설렘과 기대, 고민을 수없이 지켜보았습니다. 하지만 시간이 지나면서 깨닫게 된 사실이 있습니다. 우리 아이 교육 기관을 선택할 때 이름이나 외형보다 훨씬 중요한 것은 사람과 교육입니다. 아이를 직접 만나 돌보고, 마음을 이해하며, 발달에 맞춘 교육을 실천하는 교사의 전문성과 태도야말로 아이 성장의 핵심 요소라는 사실입니다. 아무리 좋은 환경과 교구 그리고 프로그램이 있어도 아이의 마음과 생각을 읽어주고, 따뜻하게 소통할 수 있는 교사가 없다면 아이는 진정으로 배우고 성장할 수 없습니다.

어린이집과 유치원에서는 표준보육과정과 누리과정을 바탕으로 아이 발달에 맞춘 교육을 실천합니다. 단순히 지식을 전달하는 것이 아니라, 아이가 스스로 생각하고 선택하며 도전하는 경험을 통해 몸과 마음이 건강하게 성장하도록 돕는 것이 목표입니다. 친구와 어울리며 더불어 사는 사회성을 배우고, 놀이 속에서 창의성과 자율성을 기르며, 자신의 생각을 자유롭게 표현하는 힘을 키우는 것이죠.

실제로 한 부모님은 아이가 다니는 '놀이학교'가 정말 놀이 중심인지 궁금해 상담을 요청하셨습니다. 교실은 화려했고, 시간표도 알차게 짜여 있었지만, 아이는 "놀이가 재미없다"며 가기 싫어했습니다. 정해진 프로그램과 활동 순서에 따라 수업이 진행되면서, 아이가 스스로 선택하고 실패하며 배우는 경험은 거의 없었던 것이지요. 이름만 '놀이'였을 뿐, 진짜 놀이는 아니었던 셈입니다.

부모로서 아이에게 진짜 도움이 되는 곳을 찾으려면 무엇을 살펴봐야 할까요? 나는 현장에서 수많은 아이와 부모를 만나며 몇 가지 기준을 떠올렸습니다. 먼저, 원장의 운영 철학과 교사의 자격과 성품 그리고 경험입니다. 원장의 리더십은 운영 철학과도 밀접한 관계가 있다고 생각합니다. 그리고 유아교육 전문성을 갖추고 현장에서 충분히 경험을 쌓은 교사가 있는지 확인하세요. 교사를 교사답게, 아이를 아이답게 존중하며 맺는 교사와 아이의 관계가 곧 아이 성장의 토대가 됩니다.

둘째, 교육과정을 살펴보세요. 표준보육과정과 누리과정을 바탕으로, 연령별 발달 수준을 고려한 활동으로 아이가 자율적으로 놀이하고, 창의적으로 탐구하며, 친구와 협력하며 배우는 기회가 충분히 제공되는지 보는 것이 중요합니다. 전인교육을 위해서는 조화롭고 균형 있는 교육과정과 활동이 매우 중요합니다.

셋째, 아이와 교사의 관계입니다. 교사가 아이의 감정을 존중하고, 아이가 질문하고 표현할 수 있는 환경을 만들어 주는지 관찰하세요. 이런 경험이 아이의 자신감과 사회성 발달로 이어집니다.

넷째, 아이의 하루 경험입니다. 하루 동안 아이가 스스로 선택하고, 도전하며, 실패와 성공을 통해 배우는 기회를 충분히 누리는지 확인하세요. 멋진 환경, 화려한 교구와 장난감보다 아이가 직접 몸과 마음으로 경험하는 시간이 아이를 성장하게 합니다.

마지막으로, 부모와의 소통입니다. 아이의 발달 상황과 교육 내용을 정기적으로 공유하고, 부모 의견을 존중하는 기관이라면 신뢰할 수 있습니다. 아이와 부모, 그리고 교사가 서로 연결되어 있을 때 아이는 더욱 안정감 있게 성장할 수 있습니다.

결국, 아이에게 진짜 도움이 되는 곳은 비싼 비용을 지불하는 화려한 곳이 아닙니다. 아이의 몸과 마음이 건강하게 성장하고, 스스로 생각하고 선택하며, 창의적이고 협력적인 경험을 충분히 누릴 수 있는 곳이야말로 진짜 좋은 교육 기관입니다. 부모의 따뜻한 관심과 세심한 선택이 아이가 마음껏 놀고 배우며 밝게 성장하는 힘이 됩니다.

실제로 자녀를 보내기 전에는 그곳의 상황을 사실 그대로 알기 어렵습니다. 대부분 입학 설명회나 입학상담은 기관의 장점 위주로 안내하기 마련이거든요. 간혹 세련되고 유창한 설명회를 통해 신뢰를 느끼고 기관을 선택했다는 부모님의 사례를 들었습니다. 기관명이나 외형보다 교사와 교육, 하루하루의 경험을 먼저 살펴보세요. 먼저 보내었거나 현재 보내고 있는 학부모님들의 다양한 의견을 직접 들을 수 있다면 가장 큰 도움이 되리라 생각합니다. 좋은 교육 기관 선택은 우리 아이에게 평생 남을 소중한 선물이 될 테니까요.

세 살, 어린이집 보내야 할까요?
유치원 보내야 할까요?

"세 살이 되면 어린이집을 보내야 할까요, 아니면 유치원이 나을까요?"

세 살 아이를 둔 부모님들이 흔히 하는 고민입니다. 솔직히 말씀드리자면, 유치원이냐 어린이집이냐의 구분 자체가 선택의 기준이나 정답이 될 수는 없습니다. 중요한 것은 '좋은 기관'을 선택하는 것입니다. 가능하면 집과 가까운 곳이면 좋습니다. 통학 차량을 이용하는 경우 안전과 긴 차량 탑승 시간은 때로는 아이에게 피로감을 더할 수 있거든요.

2024년부터 어린이집과 유치원의 관리 체계가 교육부로 통합되었습니다. 이전에는 어린이집은 보건복지부, 유치원은 교육부 소속으로 관리와 지원을 받았지만, 이제는 통합 관리 체계가 시행되고 있습니다. 현재 어린이집은 0~5세 영유아를 대상으로 운영되고, 유치원은 만 3~5세 유아를 대상으로 운영됩니다.

어린이집은 설립 주체에 따라 국·공립, 법인, 직장, 민간, 가정 어린이집으로 나뉘며, 규모에 따라 20명 이하의 가정 어린이집, 20명 이상의 민간·국공립 어린이집 등으로 구분됩니다. 유치원은 설립 주체에 따라 국공립(단설·병설)과 사립으로 나누어지지만 정원 수에 따른 구분은 따로 없습니다. 다만 단설 유치원이 병설 유치원보다 더 많은 유아를 수용할 수 있습니다. 중요한 점은, 유치원과 어린이집 모두 누리과정을 기반으로 한 교육을 실시한다는 사실입니다.

그렇다면 부모가 어떻게 내 아이에게 맞는 교육 기관을 판단할 수 있을까요? 첫째, '3세 아이는 무조건 유치원이어야 한다'는 것은 편견일 수 있답니다. 교육의 질은 설립 형태가 아니라, 원장과 교사의 철학과 역량에 달려 있습니다.

둘째, 교사의 자질과 경험이 중요합니다. 어린이집에서는 보육교사 자격증을 가진 교사가 담임을 맡습니다. 보육교사 자격증 취득 경로는 다양합니다. 1990년대 이전에 유치원 정교사를 취득한 나의 경우는 별도의 교육을 이수하지 않아도 보육교사 자격증을 소지할 수 있었습니다. 또 다른 교사는 보육교사 교육원을 통해, 혹은 사회복지학과나 아동학과에서 추가 과목을 이수한 후 자격을 발급받기도 했습니다. 유아교육학과에서 보육 관련 과목을 추가로 이수해 자격을 취득한 경우도 있습니다.

어린이집 교사 중에는 유치원 정교사 자격증을 가진 분들도 많습니다. 유아교육과를 졸업하고 유치원 정교사 자격을 취득한 후 첫 직장을 어린이집으로 시작한 교사도 있습니다. 유치원에서 재직하다 결혼과 육아 후 재취업하며 어린이집 교사로 근무하는 경우도 많습니다.

3세 이상은 반드시 누리과정 이수자만이 담임교사 자격이 되고, 배치가 가능합니다. 유치원은 정교사 자격을 가진 교사만 담임이 될 수 있습니다.

유아교육과를 졸업하면 유치원 2급 정교사를 취득할 수 있습니다. 이후 현장 경력과 연수를 통해 유치원 1급 정교사, 원감, 원장 등의 자격을 취득할 수 있습니다. 그러므로 '어린이집 교사의 교육 수준이 낮지 않을까?' 하는 막연한 걱정을 모든 교사에게 확대 적용할 필요는 없습니다. 궁금하다면 간단히 해당 기관에 교사의 자격 사항을 확인해보시면 됩니다. 이렇게 확인하면 학부모님도 훨씬 마음이 편안해집니다.

셋째, 교사의 인성과 성품은 자격증보다 훨씬 중요합니다. 아이에게 가장 큰 영향을 미치는 것은 교사의 마음가짐과 태도입니다. 물론 다녀보지 않고는 교사의 인성을 완전히 알 수 없지만, 상담과 관찰을 통해 조금씩 느낄 수 있습니다. 원장님과의 상담을 통해 원장의 인성과 교육 철학을 어렴풋이 판단할 수 있지만, 단 한 번의 상담으로 모든 것을 판단하기는 어렵습니다. 사실 얼마간 지내봐야 좀 더 알 수 있겠죠. 기존에 아이를 보내는 학부모님들의 경험담을 들을 수 있으면 도움이 될 수 있습니다.

미래 사회가 요구하는 인재상은 날마다 달라지고 있습니다. 하지만 건강한 몸과 마음은 과거, 현재, 미래를 망라해 기본 중의 기본이며 인재가 갖추어야 할 필요충분조건입니다. 그래서 더욱더 영유아기에는 놀이 중심 교육이 중요합니다. 아이가 스스로 경험하고 탐구하며 배우는 시간, 바로 그 과정이 아이의 성장에 큰 힘이 됩니다.

결국, 유치원이냐 어린이집이냐를 고민하기보다 자녀의 특성을 충분히 고려하여, 아이가 행복하게 성장하며 배우고 탐구할 수 있는 환경과 사랑을 나눌 수 있는 곳을 선택하는 것이 가장 현명한 길입니다.

원아 모집 홍보 도와드리려고요

가을바람이 살랑살랑 불던 어느 날 오전, 어린이집 전화기가 울립니다.

"안녕하세요, 지역 맘 카페를 운영하는 ○○○입니다. 원아 모집 홍보 도와드리려고요."

처음에는 '오, 이런 홍보도 있어?' 하고 호기심 가득하여 신기하게 들었습니다. 하지만 이야기를 듣고 잠시 후, 마음이 불편해졌습니다.

"홍보비용을 내면 어린이집 관련 글에 엄마인 척하고 긍정적인 댓글을 써 드려요. 직접 방문해서 좀 더 구체적으로 상담해 드려도 괜찮을까요?."

순간 머리가 멍한 느낌이 들었습니다. 아이를 맡기려는 부모님의 마음, 맘 카페라는 공간의 순수함. 그 모든 것이 '엄마인 척'하는 누군가의 글로 채워질 수 있다니 이상하다고 생각했습니다. 나는 솔직하게 물었습니다.

"맘 카페가 엄마들의 경험과 마음을 나누는 공간 아닌가요? 작은 질문에도 댓글이 수십 개 달리며, 다양한 의견과 경험이 쏟아지는 곳이잖아요. 그런데 잘 모르는 어린이집을 엄마인 척 홍보하는 건 좀 이상하지 않나요?"

그분은 멋쩍은 듯 웃으며 말했습니다.

"어린이집 관련 정보를 간략하게 미리 저희에게 주시면 돼요."

그 순간 마음속에서 '이건 아니지!' 하는 작은 경보가 울렸습니다. 나는 조용히 그러나 단호하게 말했습니다.

"저희는 그런 홍보는 하지 않습니다."

맘 카페 홍보 안내 전화를 끊고 조금은 충격적인 새로운 사실을 알게 된 거죠. 따라서 조언을 드리자면, 우리 아이에게 꼭 맞는 정보를 찾으려면 맘 카페의 글과 댓글은 참고만 하시라고 말씀드립니다.

맘 카페 글은 한 사람의 경험일 수도 있지만, 누군가의 의도된 글일 수도 있다는 사실을 꼭 기억해주세요. 궁금한 점은 어린이집이나 유치원에 직접 전화하거나 방문해 확인해보세요. 교실 문을 열면, 소꿉놀이를 하고 블록을 쌓고 서로 도와주는 아이들, 작품을 자랑하며 얼굴을 반짝이는 아이들의 모습이 반겨줍니다. 선생님의 따뜻한 말과 교실에서 흘러나오는 아이들의 생기 있는 웃음소리는 글로 전할 수 없는 진짜 정보입니다.

아울러 우리 아이에게 중요한 기준이 무엇인지 가족과 함께 이야기 나눠 보세요. 아이에게 꼭 필요한 환경, 선생님과의 관계, 아이가 행복하게 성장할 수 있는 조건을 함께 고민하는 과정 자체가 이미 좋은 선택의 출발점이 됩니다.

최근에는 예전과 달리 1세 아이 부모님이 상담을 오셔도 "원장님, 프로그램이 뭐예요?"라고 질문을 하는 분들이 많아졌어요. 물론 원마다 특성화된 프로그램이 다양하지요. 하지만 아이들의 성장 발달을 지켜보면 어떤 특정 프로그램이 영·유아기 교육의 핵심이거나 기준과 정답일 수는 없습니다. 1세의 경우는 담임교사와 안정 애착을 형성하는 것이 가장 중요합니다.

초저출산율로 인해 많은 교육 기관이 원아 모집을 위해 그 어느 때보다 치열하게 경쟁하고 홍보하는 지금, 변하지 않는 것은 우리 아이를 위한 소중한 선택은 언제나 진심에서 시작된다는 사실입니다. 광고보다, 맘 카페의 댓글보다 내 아이를 향한 부모님의 마음과 경험이 훨씬 소중합니다. 다만, 맘 카페가 엄마들의 마음을 나누는 따뜻한 공간으로 오래도록 남기를 바랍니다.

어린이집도 언제나 부모님과 아이에게 진심을 다하는 곳이 되겠습니다. 진심은 광고보다 강합니다. 아이의 웃음과 눈빛, 작은 성취를 함께 지켜보며 행복한 내일을 위해 함께 걸어가기 바랍니다.

아이가 영재인가 생각했어요

해마다 11월이 되면 어린이집에는 내년 신입생 상담을 위해 학부모님들의 발걸음이 이어집니다. 상담을 하다 보면, 자신의 아이가 특별하다고 느끼는 부모님들을 종종 만나게 됩니다.

몇 해 전까지만 해도 우리 어린이집은 대기자가 엄청 많았습니다. 학부모님들은 간단한 전화 상담만으로도 입소를 확정하셨습니다. 대기자 순서대로 연락을 드리면 대부분 "무조건 보내겠습니다"라고 하셨지요. 하지만 지금은 초저출산 시대. 10여 곳 이상을 순회 방문해 상담한 후 다른 원을 선택하는 부모님들도 종종 있답니다. 솔직히 그런 연락을 받을 때면 많이 서운하고 아쉽답니다.

어느 해 12월. 2세반 신입생 상담에서 한 30대 어머님을 만났습니다. 어린이집 정원과 반 구성, 낮잠 시간, 프로그램 등을 꼼꼼히 질문하셨습니다. 나는 있는 그대로 설명을 해드렸지요. 상담 도중 어머님은 웃으며 말씀하십니다.

"우리 아이는 말을 잘하는 편이에요. 사실, 저희 아이가 영재인가 생각했어요."

나는 자연스럽게 우리 어린이집 1세 아이들의 발달 상황을 이야기했습니다. 언어가 폭발적으로 발달하고, 또래와 상호작용하며 자기주장을 하기도 한다는 사실을 전했습니다. 어머님은 말끝을 흐리시며 "다른 아이들도 그렇군요…"라고 하셨지요. 나는 조심스럽게 말씀드렸습니다.

"어머님뿐만 아니라 첫아기를 키우는 입장에서는 하루하루 달라지는 아이의 모습을 보며 기특하고 대견하게 느끼시는 게 자연스러운 일이에요. 어제와 오늘, 한 달 전과 지금, 아이들은 눈에 띄게 성장하니까요."

그날 상담을 마친 후 어머님은 입학원서를 받아 가셨지만, 다음 날 다른 어린이집으로 결정했다는 연락을 받았습니다. 정확한 이유는 알 수 없었습니다. 다만, '아이가 영재가 아닐까라는 자신의 말에 내가 다른 아이들도 잘한다는 말을 해서 마음이 상하셨을까?' 혹은 '집이 멀어서 등하원이 어려워서일까?' 혼자서 이런저런 생각을 해보았습니다.

부모는 누구나 자신의 아이를 특별하게 느끼고, 아이의 작은 성장에도 기뻐하며 감동합니다. 그리고 부모가 아이를 바라보는 마음은 늘 아이만큼이나 순수하고 소중하게 여기신다는 사실을 새삼다시 알게 되었죠.

신학기, 새로운 시작의 한 달

　신학기가 시작되는 3월, 어린이집 문을 열고 들어서면 설렘과 긴장이 공존합니다. 새로 만날 선생님과 친구들, 새로운 교실, 처음 겪는 하루하루가 기다리고 있습니다. 아이들도, 선생님도 기대와 염려를 가득 안고 있습니다.

　1세 아이들이 있는 교실에서는 울음소리가 끊이지 않습니다. 작은 손으로 엄마의 품을 꼭 붙잡고 낯선 교실과 낯선 선생님 앞에서 눈물을 글썽입니다. 엄마와 안정된 애착을 잘 형성한 순한 기질의 아이들은 호기심 어린 눈으로 주변을 살피며 조금씩 안정감을 찾기도 합니다, 불안하고 예민하거나 느린 기질의 아이들은 울음과 몸짓으로 두려움을 표현합니다.

　그때 담임교사의 따뜻한 손길과 부드러운 눈빛 그리고 친절한 말들은 아이에게 큰 위안이 됩니다. "괜찮아요, 제가 여기 있어요"라는 말없이도, 선생님의 존재만으로 아이는 세상을 조금 더 믿게 됩니다.

부모님 역시 새로운 적응의 한가운데에 있습니다. 특별히 첫 아이이거나 늦둥이를 보내는 부모님은 더 큰 불안과 의심이 스며들기도 합니다. 하지만 아이가 조금씩 안정감을 찾아가는 모습을 믿고, 교사를 신뢰하는 마음이 필요합니다. 부모님의 믿음과 신뢰는 아이에게 안정감과 자신감을 주는 가장 큰 힘이 됩니다. 다자녀를 키우는 부모님은 아이의 적응에 대하여 비교적 여유로운 마음으로 함께 합니다. 반면에 첫 아이 부모님의 마음은 아이들처럼 원장과 교사의 세심한 관심과 따뜻한 격려를 필요로 합니다.

2세반 교실로 넘어가면 아이들의 세상은 조금 더 넓어집니다. 교사 한 명당 일곱 명의 아이들이 함께 생활하며, 각자의 개성과 요구가 뒤섞입니다. 지난해 1세 때보다 더 많은 친구와 함께 생활하면서 아이들은 규칙과 질서를 배우고, 서로를 알아가고 이해하며 공동체 생활의 즐거움을 발견합니다. 신입생과 재원생이 섞인 교실에서도 아이들은 자신만의 리듬을 찾아가며 차분히 적응해 갑니다. 작은 다툼이 있어도 금세 친구의 손을 잡아주고, 웃음 속에서 서로를 받아들이는 법을 배우고 있습니다.

3세가 되면 변화가 눈에 띄게 나타납니다. 교사 한 명당 열다섯 명의 아이들과 함께하는 큰 교실 속에서도 아이들은 스스로 규칙을 이해하고, 친구와의 놀이 속에서 감정을 조절하는 법을 배웁니다. 언어가 발달되는 덕분에 자신들의 생각을 말로 전하고 자연스럽게 소통합니다. "내가 할 거야!"라는 말 속에는 자율성과 긍정적

자아개념이 담겨 있습니다. 작은 장난감 하나를 두고 친구와 의견이 서로 달라도, 언어로 감정을 표현하며 차분히 조율하는 것을 배워갑니다. 혼자만의 세계에 머물던 아이가 이제는 친구와 관계 맺기를 시작하는 모습을 보인답니다. 신체적 공격성은 줄고, 놀이 속에서 서로의 마음을 이해하고 배려하는 법을 익히게 되죠. 부모님이 집에서 아이의 하루를 묻고 들어주면 아이는 어린이집에서의 경험을 자신 있게 풀어놓습니다.

4세가 되면 놀이가 더욱 확장되고, 친구와의 상호작용 속에서 언어와 사회성이 풍부하게 발달합니다. 블록 쌓기를 하며 함께 계획을 세우고, 그림을 그리며 의견을 나누는 등 아이들 사이에서 자율성과 협동심이 자연스럽게 자랍니다. 부모님들은 아이가 어린이집 생활에 충분히 안정되어 있음을 믿고, 마음 편히 맡길 수 있는 시기입니다.

5세 아이들은 대부분 어린이집 생활이 익숙하고, 하루 일과나 적응에 대한 걱정은 거의 없습니다. 이제 부모님의 관심은 초등학교 입학 전 학습 태도와 준비로 자연스럽게 이어집니다. 아이들은 자신 있게 친구들과 협동해서 역할을 나누고, 규칙을 정해 놀이합니다. 스스로 정리하며, 작은 성취 하나에도 뿌듯함과 자신감을 느낍니다.

신학기 첫 주, 교실 곳곳에서 울음소리가 들려옵니다. 하지만 둘째 주가 지나면 울음은 점점 잦아들고, 셋째 주가 되면 웃음소리와 이야기 소리가 교실을 채웁니다. 넷째 주가 되면 어린이집은 왁

자지껄한 웃음과 이야기로 평안을 되찾습니다.

　해마다 3월 말이 되면, 한 달 동안 아이들의 적응을 위해 애쓰고 노력한 아이들과 부모님 그리고 선생님 모두에게 격려와 감사의 마음이 한가득입니다. 부모님의 믿음과 신뢰가 아이에게 안정감을 주고, 아이의 새로운 시작을 함께 지켜보는 일, 그것 자체가 큰 기쁨입니다.

선생님, 우리 아이는 옷이 모두
비싼 메이커 옷밖에 없어요

"선생님, 우리 아이는 옷이 모두 비싼 메이커 옷밖에 없어요. 놀이할 때 더러워지면 안 되니까, 가방 속에 넣어 둔 다른 옷으로 갈아 입혀주세요."

24세에 결혼해 아들을 낳은 젊고 예쁜 성우 엄마는 아이를 누구보다 정성껏 키우고 있었습니다. 아이는 언어 발달도 인지 발달도 빠르고, 또래들과의 놀이에도 적극적으로 참여하며 즐겁게 생활했습니다. 누군가 성우를 바라볼 때는 멋지고 값비싼 옷이 어쩌면 성우를 한층 더 돋보이게 할 수도 있겠습니다.

하지만 성우와 담임교사에게는 적잖은 부담이 되기도 했습니다. 놀이를 할 때마다 옷이 더러워질까 신경을 쓰며 마음껏 즐기지 못하고 다소 소극적으로 놀이에 참여하게 됩니다. 교사 또한 여러 아이를 세심하게 살피고 챙겨야 하는 일이 많아 번거로움을 느낍니다.

늘 긴 머리를 예쁘게 다듬고 오는 나영이는 놀다가 머리가 흐트러져도 선생님은 바라보기만 해야 합니다. "선생님, 우리 아이 머리는 제가 해요. 선생님은 손대지 말아주세요"라는 나영 어머니의 요청이 있었기 때문입니다.

어느 날은 "선생님, 나영이가 오늘 하고 간 머리핀, 얼마나 비싼 거인 줄 아실까요? 그런데 또 잃어버리고 와서 너무 속상해요"라고 언짢음을 표현하시기도 했습니다. 선생님은 죄송함과 동시에 난처함이 뒤섞여 어찌나 당황스러워하는지. 그 모습을 보는 나 또한 마음이 몹시 언짢아졌습니다.

부모의 마음은 너무나 자연스럽습니다. 소중한 내 아이를 위해 아낌없이 주고 싶은 마음, 누구보다 멋지고 예쁘게 보이고 싶은 마음은 사랑에서 비롯된 정성입니다. 성우 엄마처럼 아들을 단정하게 꾸며 보내고 싶고, 나영 엄마처럼 드레스와 머리핀으로 공주처럼 예쁘게 해서 보내고 싶은 마음은 충분히 이해할 수 있습니다.

그러나 어린이집에서 보내는 시간은 놀이와 일상 속 작은 경험들로 가득합니다. 물감 놀이, 흙 놀이, 바깥 놀이, 식사와 화장실 활동까지 모든 순간이 아이에게는 성장과 배움의 시간이 됩니다. 그렇기에 옷은 무엇보다 편하고 자유롭게 활동할 수 있는 것이 가장 중요합니다. 입고 벗기 편하고 놀이 중에도 불편하지 않으며, 혹시 분실되더라도 크게 속상하지 않을 수 있는 옷과 소품이 아이와 교사 모두에게 적합하지요.

그렇다면 어떤 옷이 어린이집 생활에 가장 적합할까요? 첫째,

아이가 혼자 입고 벗을 수 있고, 움직임에 제약이 없는 옷이 좋습니다. 둘째, 물감이나 흙이 묻어도 쉽게 세탁할 수 있는 옷이면 부모님 마음도 편하지요. 셋째, 분실이나 훼손에도 크게 아쉽지 않은 실용적인 옷이 아이와 교사 모두에게 부담이 되지 않습니다.

그리고 신발은 가볍고 발에 잘 맞는 것을 고르되 아이가 혼자서도 신고 벗을 수 있는 벨크로 타입을 권장합니다. 장식이 많거나 굽이 높은 신발은 활동 중 다칠 위험이 있으므로 피하는 것이 좋습니다. 머리 장식 역시 비싸지 않은 것으로, 간단하고 안전한 것이 가장 알맞습니다.

특별한 날에는 멋진 옷으로 아이를 꾸며주셔도 좋습니다. 하지만 일상과 놀이 속에서는 무엇보다 편안하고 실용적인 옷차림이 아이에게는 최고의 배려이자 선물임을 기억해주셨으면 좋겠습니다.

아이가 어린이집에 가기 싫은 이유!

아이들이 어린이집에 가기 싫다고 하는 이유는 참으로 다양하답니다. 생애 처음 어린이집을 오는 아이라면 당연히 낯선 곳이고 부모님과 떨어지는 두려움 때문에 충분한 적응 기간이 필요하지요. 낯가림이 시작되는 시기부터 1세 무렵 어린이집 적응을 위해서는 양육자와 함께 어린이집 환경과 선생님의 얼굴을 익히는 시간이 필요합니다.

우리 어린이집에서는 1세와 2세 신입 영아를 위한 신입 적응 프로그램으로 아이와 어머니가 담임선생님과 함께 30분 전후 짧은 시간의 만남을 몇 차례 반복합니다. 아이가 익숙함을 느끼게 되면, 아이와 선생님과 둘만의 시간을 갖도록 합니다. 30분 내외의 짧은 이 시간 동안 부모님은 다른 공간에 있다가 일정 시간 후 아이와 기쁘게 만나서 하원하기를 몇 차례 반복하게 됩니다. 이렇게 점차 시간을 늘리며 적응하여 자연스럽게 점심식사도, 낮잠도 그리고 다양한 활동도 재미있게 참여할 수 있게 적응됩니다.

어린이집에 가기 싫은 또 다른 이유로는 동생이 막 태어났을 때입니다. "둘째가 태어나는 순간 첫째 아이는 후첩이 들어오는 기분이 든다"고 어느 부모 교육 강연에서 강사님이 다소 과장되게 말씀하시던 장면이 기억에 남습니다. 그동안 사랑을 독차지하며 자라 온 첫째 아이라면 '이제부터는 나만이 아닌 동생과 사랑을 나누어 받아야 하는구나'라는 현실을 처음으로 경험하게 됩니다. 그때부터 첫째 아이에게 있어 엄마와 헤어져 있어야 하는 어린이집은 더 이상 가고 싶지 않은 곳이 되어버립니다.

많은 사례가 있지만, 특별히 기억나는 동규가 있어요. 두 살 동규는 3월 입학식을 하고 어린이집 적응을 잘하여 아주 즐겁게 지냈습니다. 그해 여름 끝자락에 동규의 동생이 태어났습니다. 어린이집에서 낮잠 잘 때 투정도, 짜증도 부리지 않고 쉽게 잘 잠들던 동규가, 동생이 태어난 무렵부터는 낮잠 자려고 할 때면 엄청난 짜증과 함께 엄마를 찾고 울면서 잠이 들었어요. 말문이 제법 트이기 시작한 동규는 어린이집에서 "싫어!", "안 해!", "몰라!" 같은 부정어 사용이 늘었습니다. 떼쓰는 일도 늘고, 같은 반 친구를 밀치거나 때리는 불편한 행동들을 반복했어요.

가끔 동규는 엄마한테 "선생님이 때렸어!", "선생님이 동규 까까 안 줬어!" 등 거짓말도 했어요. 아마도 그때마다 전후 사정을 잘 알지 못한 동규 어머니는 걱정하는 마음으로 동규의 말에 즉각적으로 큰 관심을 보였을 것으로 짐작이 됩니다. 동규는 반복해서 이야기하고 부모님의 걱정은 한없이 커져만 가고. 마침내 동규 어머니는 담임선생님께 항의를 하셨습니다. 다행히 그런 일은 없었다는 것을 알려드리고 오해는 풀었지만, 그래도 염려가 사라지진 않으신 듯했습니다. 담임선생님은 동규에게 더 많은 사랑과 애정을 표현해주셨어요.

어느 날은 선생님이 동규를 안아주면서 "동규야 사랑해!"라고 말을 건넸어요. 동규는 "선생님이 동규한테 뭐라고 했지?" 물어요. "동규야 사랑해, 했지!"라고 선생님이 답을 해주셨죠. 또다시 동규는 "선생님이 동규 사랑해 했어?"라고 되묻고, 선생님은 "응, 선생님이 동규 사랑해 하면서 안아줬어"라고 말해줘요. 또 동규는 "선생님이 동규를 왜 안아줘?"라고 묻고, 선생님은 "동규를 사랑해서"라고 답하고, 또 묻고 답하고… 지칠 줄 모르고 사랑을 확인받고 싶어하는 동규를 보니 마음이 짠했어요. 반복되는 동규의 질문에 사랑으로 답해주는 선생님의 모습이 참으로 따뜻하고 멋지며 감사했어요.

동규의 어린이집 하원 시간도 점점 늦어졌어요. 아마도 신생아의 육아 때문일 것이라고 충분히 짐작했어요. 점점 하원이 늦어지는 동규는 어린이집에서 재미난 놀이보다 엄마의 품이 더 그리운 듯합니다. 동규 동생을 육아하시느라 고생이 많으신 어머님을 알기에 동규에게 더 많은 애정을 주시는 선생님들, 참 고맙습니다.

아이가 어린이집에 가기 싫은 이유2

낯선 환경에서 부모님과 떨어져야 한다는 불안감은 처음 어린이집에 등원하는 아이라면 대부분 느끼는 감정입니다. 최근에는 1세 전후부터 어린이집을 보내시는 부모님들도 많아졌어요. 특히 1세 영아의 경우에는 더욱더 적응 기간이 필요합니다.

영아의 안정적인 적응을 돕기 위해 어린이집에서는 가족사진을 보내달라고 요청하곤 합니다. 이렇게 받은 사진은 아이의 눈높이에 맞는 벽에 붙여 놓습니다. 아이가 엄마 아빠가 보고 싶거나, 마음의 안정을 찾는 데 도움이 되기 때문입니다. 2세 영아들은 혹 이전에 다른 어린이집을 다녔던 경험이 있다면 새로운 어린이집의 낯선 환경도 제법 수월하게 적응을 합니다. 이전에 다녔던 어린이집에서의 긍정적 경험이 두려움보다는 호기심으로 도움이 되기 때문이라 짐작됩니다.

어린이집을 처음 다니게 된다는 2세 도준이는 첫 상담 때 어머님께서 "아마 잘 놀 것 같아요. 아이가 하나라서 요즘은 집에서 혼자 놀면 많이 심심해하거든요. 키즈카페나 놀이터에서 또래 친구들을 만나면 엄청 같이 놀고 싶어 해요. 어린이집에 다니는 또래 아이들이 어린이집 가방을 메고 가는 모습을 보면 도준이도 어린이집에 가자고 하더라고요"라고 말씀하시며 적응에 대한 염려는 하지 않으신다고 하셨어요.

어머님 말씀처럼 도준이는 울지 않고 어린이집 적응을 빠르게 했어요. 하지만 어린이집 등원을 한 지 2주쯤 될 무렵 아침, 도준이는 어린이집에 가기 싫다고 떼를 쓰고 울면서 왔어요. 도준이 어머님께서는 갑자기 왜 이러는지, 혹시 선생님이 도준이에게 무언가 잘 못해서서 그런 거는 아닌지 걱정과 불편한 마음을 전하셨어요. 하지만 도준이에게 어린이집에서 특별한 일이 있었던 것은 아니라고 선생님은 말씀하셨어요. 도준이처럼 처음에는 아주 빠르게 적응을 하는 듯 보이던 아이들이 갑자기 어린이집에 가기 싫다고 고집을 피우는 경우는 종종 있어요.

그동안의 나의 경험과 관찰을 통해 예상되는 이유는, 처음에 적응을 잘 할 때는 집에서보다 여러 친구들과 다양한 활동을 하는 것만으로도 충분히 재미있다고 생각할 수 있습니다. 하지만 어린이집은 아이들의 첫 사회생활이기에 가정에서와 달리 지켜야 하는 규칙이 많아요. 하고 싶은 일, 해도 되는 일, 해서는 안 되는 일 그리고 또래 친구와의 사소한 갈등 등을 알아가게 되기 마련이죠.

물론 담임선생님은 한 아이 한 아이의 발달 정도와 개별 특성을 충분히 고려하여 하루 일과를 계획하고 생활하지만, 2세 영아라도 최소한의 질서와 규칙은 반복해서 지도하시거든요. 교실 밖으로 아무 때나 나가지 않도록 지도하고, 밥을 먹을 때 돌아다니지 않고 한 자리에 앉아서 먹을 수 있도록 식사 지도를 합니다. 친구가 가지고 노는 교구를 함부로 뺏거나, 친구를 때리거나 하는 행동은 안 된다는 것도 분명하게 훈육하시죠. 물론 영아반의 교구는 영아들의 인원을 충분히 고려하여 준비하는 것이 기본 원칙이기는 하지만, 아이들의 다툼은 어른의 상식과 달리 아주 사소한 것들에서 시작합니다.

요즘은 한 가정에 한 자녀인 아이들이 많다 보니, 나누고 양보하는 것을 어려워하는 아이들이 많아요. 그뿐만 아니라, 아이들은 부모님과 할아버지 할머니에게 늘 '최고'의 관심과 사랑을 받고 자라죠. 하지만 어린이집에서 여러 명의 아이를 돌보시는 선생님의 관심과 사랑을 나누는 것은 오히려 낯설고 아쉽고 불편하게 느끼게 될 수도 있습니다. 자신의 기분과 생각대로 되지 않으면 자주 '토라지는 아이들'이 많아졌어요. 때로는 지나치게 허용적인 부모님과는 다른 선생님의 훈육도 불편하게 느낄 수도 있겠지요.

또, 부모님의 직장과 가정상황에 따라 어린이집의 등원 및 하원 시간이 개별 차이가 나지요. 다른 친구들이 집에 가는 시간보다 늦게 가야 하는 아이, 혹은 아이가 마음의 준비가 되지 않은 상태에서 갑자기 늦게 하원하게 된 아이들의 경우에는 그 상황을 아이가 인정하고 받아들이기 어려울 때 어린이집에서의 특별한 문제가 없어도 힘들어할 수도 있습니다. 물론, 선생님은 아이의 마음을 따뜻하게 만져주고 계시지만요.

믿고 맡기는 어린이집의 보육 이용 시간은 아침 7시 30분부터 저녁 7시 30분까지 가능합니다. 경우에 따라 24시간 운영하는 어린이집도 있어요. 그런데요, 조심스럽지만 고백 하나 해도 될까요? 아이 입장에서는 집에서 가족과 함께 지내고 싶은 바람들이 보여요. 재미있고 안전한 어린이집이긴 하지만, 여전히 부모님과 함께 있는 평안함을 기다리는 모습이 느껴질 때가 있습니다. 어쩌면 그것이, 아이가 '어린이집 가기 싫어'라고 말하는 이유일지도 몰라요.

전날 밤에 너무 늦게 잠들어 피곤함을 느끼는 아침에는 아이들도 어린이집 등원을 하고 싶지 않을 수 있어요. 즐거운 어린이집 생활을 위해서는 일찍 자고 일찍 일어나는 기본 생활 습관이 아주 중요해요.

어린이집 등원을 매일 늦게 하는 지각생일 경우에도 어린이집 적응에 어려움을 느낄 수 있어요. 주로 오전에 재미있는 많은 활동을 하잖아요. 활동 중에 또래들과 두터운 공감대와 친밀감이 형성되기도 하지요. 그런데 자주 늦게 오고, 와서 밥 먹고 낮잠 자고 늦게 집에 가기를 반복하면 어린이집이 즐겁지 않을 수 있어요.

어린이집 내에서 친구와의 갈등이 힘들게 느껴져서 일 수도 있어요. 혹, 갈등 때문에 피하고 싶어졌을 때에도 피하는 것보다 갈등을 잘 풀어나가는 연습이 필요하다고 생각해요. 왜냐하면, 모든 관계가 갈등 없이 지내기를 바라는 것은 사실 어려운 일이잖아요.

아주 가끔은 교사와의 부정적인 경험이 이유일 수도 있어요. 하지만 나는 대부분 아이와 가정에서의 일들 때문인 경우가 많다고 기억해요.

아이가 어린이집에 가기 싫은 이유 3

3세 수임이는 중·고등학교 교사인 부모님과 함께 살고 있습니다. 주로 친할머니가 등·하원과 양육을 도와주셨고, 외동인 수임이는 온 가족의 애정을 듬뿍 받으며 자라왔습니다. 어린이집에서도 밝고 안정적인 모습으로 지내곤 했습니다.

5월, 가족 여행을 다녀온 뒤 수임이에게 작은 변화가 찾아왔습니다. 어느 평일 아침, 부모님이 함께 어린이집에 등원해 주신 날부터 수임이는 현관문 앞에서 울음을 터뜨리며 등원을 거부하기 시작한 것입니다. 담임선생님이 어렵게 달래 교실 안으로 데려가면 금세 울음을 멈추고 평소처럼 차분히 하루를 보내기는 했지만, 며칠간 등원할 때마다 눈물로 시작하는 아침이 반복되었습니다.

어린이집에 오기 싫어 해서 걱정이 된 부모님은 담임선생님께 상담을 요청하셨습니다.

"선생님, 아이가 갑자기 어린 아기가 됐어요. 친구들과 무슨 문제가 있었던 건 아닐까요? 선생님과도 불편한 일이 있었는지 걱정돼요."

담임선생님은 진심을 담아 수임이의 평소 모습을 설명해 주셨습니다.

"수임이는 또래 친구들과 노는 것보다는 숫자 맞히기, 시계 보기, 블록놀이 같은 활동을 선생님과 함께하는 걸 더 좋아합니다. 교사를 의지하며 대화하고 놀이하는 걸 즐기지요. 이런 모습은 발달 시기와 아이의 기질에서 비롯될 수 있어요. 어른과의 놀이에 익숙한 아이는 자신이 원하는 방식대로 놀이가 진행되는 상황에 편안함을 느끼지만, 또래와 놀 때는 의견 충돌이나 갈등이 생겨 낯설고 어려울 수 있습니다. 또, 평소에는 할머니와 함께 등원하던 수임이가 여행 후 부모님과 함께 등원하게 되면서 주말과 평일의 구분이 불분명해졌을 수도 있습니다. 아이 입장에서는 '가족이 함께 있는 시간이 계속되면 좋겠다'는 마음이 있을 수 있는데, 혼자 어린이집에 들어가야 하는 상황이 서운하게 느껴졌을 수도 있겠지요."

부모님은 고개를 끄덕이며 공감해 주셨습니다. "그럼, 다시 할머니와 함께 등원하거나, 한 번에 한 사람만 동행하는 걸로 해볼게요"라고 말씀하셨습니다. 수임이의 마음을 존중하며 등원 방식을 조금 바꾸기로 한 것입니다.

며칠 뒤, 퇴근 후에 수임이를 데리러 온 어머님은 교실 밖에서 우연히 "선생님, 사랑해요" 하고 말하는 수임이의 목소리를 들었습니다. 그 순간 어머님의 눈가가 살짝 붉어졌습니다. 그리고 웃으며 교사에게 말씀하셨습니다.

"선생님, 너무 감사해요. 수임이가 선생님 사랑한다고 말하더라고요."

짧지만 진심 어린 한마디 속에서 아이의 마음과 부모의 신뢰가 느껴졌습니다. 담임선생님 또한 마음이 뭉클해졌습니다. "부모님께서 저를 믿고 함께해 주셔서 감사해요. 아이들을 사랑으로 가르치고, 교사로서도 더 성장하고 싶어지네요"라고 말씀하셨답니다.

수임이의 이야기는 아이와 부모, 교사 사이의 신뢰와 소통이 얼마나 중요한지를 보여줍니다. 때로 아이의 변화는 불안한 신호처럼 보이지만, 그 안에는 부모와 함께 더 있고 싶은 사랑의 마음이 담겨 있을지도 모릅니다. 그리고 그 마음을 따뜻하게 살펴봐 주는 교사와 부모가 함께할 때, 아이는 더 안정되고 행복하게 자랄 수 있습니다.

아이의 속마음에 귀 기울이는 어른, 그 사랑이 아이를 더 단단하게 자라게 합니다.

내 아이를 위하여 다정한 어른 되기

"선생님, 수지 엄마랑 저는 잘 안 맞아요. 말도 잘 안 해요. 그런데 우리 아이는 그 친구와 너무 잘 놀아요."

부모님 상담을 하다 보면 종종 이런 이야기를 듣습니다. 우리 아이를 위해 다정한 어른이 된다는 것은 단순히 아이에게만 친절한 사람이 되는 것을 의미하지 않습니다. 부모님의 사소한 오해나 감정이 아이의 관계까지 영향을 주는 일은 생각보다 흔한 일입니다. 아이들보다 어른들이 먼저 벽을 쌓아버리기도 하지요.

어린이집, 유치원, 초등학교는 단순한 교육 기관이 아니라 작은 사회입니다. 아이들은 그 안에서 친구를 사귀고, 갈등을 겪고, 서로 조율하는 법을 배웁니다. 그런데 그 사회의 가장자리에 있는 어른들이 서로를 배려하지 않고 경계를 넘는다면, 그 분위기는 자연스럽게 아이에게 스며듭니다.

학부모 사이에도 예의와 거리두기는 반드시 필요합니다. 등·하원 시간, 친근하게 상대방의 이름을 부르는 모습이 정겨워 보일 수 있지만, 모든 부모가 편하게 느끼는 것은 아닙니다. 관계가 깊지 않은 부모는 부담과 소외감을 느낄 수도 있습니다. 공적인 공간에서는 처음부터 끝까지 존댓말을 사용하면 좋겠습니다. 공식적인 자리에서는 '○○ 어머니', '○○ 아버님'으로 부르는 것이 서로 간 건강한 경계를 지키는 방법입니다. 사소한 언쟁이나 비교, 뒷말은 결국 아이에게 불편한 마음과 불안으로 전이될 수 있습니다. 아이는 부모가 느끼는 감정을 가장 먼저 알아차립니다.

진정한 다정함은 말만으로 전해지지 않습니다. 우리는 흔히 '내 아이 앞에서 다정한 어른'이 되기 위해 노력합니다. 아이가 보는 것은 부모가 '다른 어른을 대하는 말투와 표정, 태도'까지입니다. 내 아이 앞에서 다른 아이를 비난하거나 특정 부모를 험담하면, 아이는 '불편한 사람은 멀리해도 된다'는 태도를 배우게 됩니다. 반면에 다른 부모에게 예의 바르게 인사하고, 교사에게 감사하며, 갈등 상황에서도 차분히 대처하는 모습을 보여준다면, 아이는 긍정적으로 사람을 대하는 방식을 자연스럽게 배우게 됩니다. 말보다 태도로 더 많은 것을 가르치고 있음을 꼭 기억해주세요.

아이의 사회성이 건강하게 자라기를 바란다면, 먼저 내가 속한 사회에서 건강한 관계를 보여주는 것이 중요합니다. 일상에서 실천할 수 있는 작은 방법들을 실천해 주세요. 교사와는 공적인 대화를 나누고, 부모 간에는 존댓말을 사용하고. 아이 앞에서는 타인을 말로 평가하지 않고, 아이들 사이의 갈등은 사실 중심으로 교사의 도움을 받아 차분히 해결하는 지혜가 필요합니다.

    나와 생각이 다른 부모를 비난하지 않고, 내 아이만이 아니라 모든 아이를 마음으로 품어 주세요. 부모도, 교사도, 아이들도 모두 함께 살아가는 공동체의 일원입니다. 우리가 서로를 존중하고 다정하게 대하는 사랑 공동체를 이룰 수 있다면, 우리 아이들은 훨씬 더 따뜻하고 사랑 가득한 세상 속에서 자라날 수 있습니다.

어린이집에서 하루는요…

어린이집은 단순히 아이들을 맡기는 공간이 아닙니다. 맞벌이 가정의 자녀를 돌보고, 교육적 경험을 제공하며, 부모의 양육 부담을 함께 나누기 위해 운영되는 곳이지요. 요즘은 아침 7시 30분부터 저녁 7시 30분까지, 심지어 24시간 운영하는 어린이집도 생길 만큼 부모의 일과에 맞춰 보육 시간이 늘어나고 있습니다. 유치원도 다양한 방법으로 돌봄 기능을 확대하고 있습니다.

아이들이 어린이집에 도착하면 다양한 활동으로 하루를 보내게 됩니다. 빠른 등원을 원하는 가정은 7시 30분부터, 조금 여유 있는 가정은 9시 30분 전후에 아이들이 등원하죠. 아침 간식을 먹고, 충분한 바깥놀이와 실내놀이를 통해 몸과 마음을 깨우고, 놀이 속 배움을 경험합니다. 점심을 먹고 나면 양치를 합니다. 24개월 이상 아이들은 체육, 음악, 미술, 영어, 오감 활동, 코딩, 발레 등 다양한 특별활동을 경험합니다.

3세 이하 아이들은 활동 후 낮잠을 통해 충분한 휴식을 취합니다. 3세 이후는 개인 차이가 있습니다. 낮잠은 단순한 '휴식'이 아니에요. 오전에 본 그림책의 내용이 해마에서 대뇌피질로 옮겨지고, 복잡하게 얽힌 신경들이 정리되며 기억을 저장하고. 뇌신경 연결을 다듬고, 감정은 고요히 가라앉습니다. 낮잠은 성장을 돕는 뇌의 작업 시간입니다. 뇌가 배우고 정리하고 회복하는 시간입니다.

　4~5세 아이들은 낮잠 대신 더 많은 놀이와 교육 활동을 이어가며 즐거운 시간을 보냅니다. 4시까지의 기본 보육 시간이 끝난 뒤에는 연장반이 시작됩니다. 담임교사와 함께하던 아이들은 교실을 옮겨 연장반 담당 교사와 지내게 됩니다. 늦게까지 남은 아이들은 다양한 놀이를 하다가 각각의 보호자가 오시면 개별 하원하게 됩니다. 아이들이 하루 종일 규칙을 지키고 단체 활동을 이어가는 것이 결코 쉽지는 않습니다.

　나의 두 딸이 어린이집을 다니던 시절이 떠오릅니다. 엄마가 원장인 어린이집이었지만, 특혜는 거의 없었습니다. 오히려 다른 아이들에게 양보해야 하고, 선생님을 힘들게 하지 않도록 주의하며 지냈습니다. 그래도 엄마 얼굴을 자주 볼 수 있다는 점에서 심리적 안정은 조금 있었겠지요. 1세와 2세까지는 큰 어려움이 없었지만, 3세와 4세가 되면서 두 딸이 하루 종일 어린이집에 머무르는 것을 힘들어하는 모습을 보았습니다. 특별한 이유 없이 짜증을 내거나 불만스러운 표정을 짓기도 했습니다. 아무리 넓은 공간이라도, 아무리 즐거운 곳이라도 단체 생활 속에서 친구와 선생님과 함께하는 시간은 온전히 휴식으로만 느껴지기엔 부족했습니다. 마치 즐겁고 멋진 곳으로 여행을 다녀왔는데, 집에 돌아와서 "그래도 집이 제일 편하고 좋다!"라는 느낌과 비슷하지 않을까요.

그때 나는 많은 고민을 했습니다. 혼자 두 딸을 키우는 입장에서, 어떻게 하면 하루의 스트레스를 조금이라도 덜어줄 수 있을까? 결국 어린이집 주변 피아노학원으로 아이들을 보내보기로 했습니다. 피아노를 배우기 위해서가 아니라, 콧바람을 조금 쐬면 기분 전환이 될까 하는 마음에서였지요.

지금도 나는 어린이집에서 아이들을 관찰하면서 아이들의 다양한 표정과 행동 뒤에 숨어 있는 마음을 헤아려 봅니다. 기본 보육 시간이 끝난 뒤, 먼저 가는 아이들과 늦게까지 남아 있는 아이들의 표정이 사뭇 달라지는 것을 보면, 계속해서 규칙을 지켜야 한다는 피로감이 느껴지기도 합니다. 시계를 볼 줄 몰라도 아이들은 하루 일과의 흐름과 리듬을 통해 시간의 흐름을 감지합니다.

어린이집 원장으로서가 아니라, 부모로서 나는 아이들이 가정에서 부모와 함께하는 충분한 시간도 꼭 필요하다고 믿습니다. 한 아이 한 아이가 겪는 갈등과 양보, 인정받고 싶은 마음, 부모로부터 더 많은 애정을 원하는 욕구는 모두 다릅니다. 물론 시간의 양보다 친밀한 질적 관계가 더 중요합니다.

어린이집에 늦게까지 있는 정연이를 나는 가끔 안아주고 놀아줍니다. 특별한 놀이는 아닙니다. 그냥 나의 무릎 위에 정연이를 앉게 하고 이런저런 이야기를 합니다. 머리도 쓰다듬어 주고 등도

토닥여주고. 그런데 그렇게 스킨십을 하면, 정연이는 멈추지 않고 계속 더 하기를 원합니다. 저를 볼 때마다 놀자고 합니다.

어떤 날은 짜증을 많이 내던 아현이를 내가 개별적으로 사무실로 데리고 왔습니다. 나는 아현이를 안아주고 비밀스럽게 군것질할 수 있는 간식을 줄 때가 있습니다. 아이의 마음을 읽어주고 소통하고 공감하는 시간 정도이지만, 이후 아현이가 나를 바라보는 눈빛은 달라졌습니다. '원장님은 내 마음을 알아주는 사람'이라는 신뢰의 눈빛으로 빛납니다. 우리 아이들이 원하는 사랑은 거창하지 않습니다. 아주 작은 관심이고, 평안함입니다. 선생님들이 아이들 모두에게 사랑으로 함께하지만, 그것만으로는 늘 충분하지 않은 듯합니다.

국가에서 마련하여 제도적으로 지원하는 어린이집과 유치원을 적극 활용하는 것도 대단히 중요합니다. 다만, 무엇보다 아이들이 진짜 원하는 마음과 행복을 놓치지 않아야 합니다. 신체 접촉을 더 원하거나, 더 많은 애정을 바라는 아이, 더 많이 차지하고 싶어 하는 아이, 인정을 받고 싶은 아이들… 모든 아이에게 스트레스와 결핍은 완전히 피할 수 없습니다. 부모님들의 양육 스트레스만큼이나 아이들도 다양한 스트레스를 느끼고 있음을 꼭 기억해주셨으면 합니다.

원장과 교사가 최선을 다해도 아쉬움은 늘 남습니다. 부모로서, 우리는 아이를 위한 수고를 피하지 말아야 합니다. 때로는 호미로 막을 것을 가래로 막지 않도록 아이 마음을 먼저 살피는 것이 무엇보다 중요합니다. 영어 한마디보다, 인지적 교육보다 더 중요한 것은 아이의 마음을 돌보는 일입니다. 사랑은 언제나 수고로움과 함께 합니다.

좋은 어른이 되어주셔서 감사합니다

　초등학교에 입학한 뒤에도 어린이집에 찾아와 즐거운 학교생활을 전해주는 졸업생들이 있습니다. 그중에서도 유난히 기억에 남는 아이가 있습니다. 바로 다미입니다. 세 살부터 우리 어린이집을 다닌 다미는 외동딸로 부모님의 사랑을 듬뿍 받으며 자랐습니다. 어린이집을 다니던 시절, 부모님은 어린이집의 크고 작은 행사에 늘 함께해 주셨습니다. 그룹 부모 코칭 프로그램에 참여하고, 참여 수업에서는 다미와 함께 놀이에 열심히 참여하시며 한결같은 응원과 격려를 보내주셨지요. 덕분에 다미는 밝고 건강하게 성장했고, 친구들과도 사이좋게 지내며, 언제나 예의 바른 모습을 보여주었습니다.

　초등학교 1학년이 된 다미는 담임선생님께 칭찬을 받으며 학교생활을 즐기고 있었습니다. "다미는 어디 유치원 다녔니?"라는 선생님 질문에, 다미는 씩씩하게 "어린이집 다녔어요"라고 대답했다고 합니다. 선생님은 따뜻하게 웃으며 "아, 좋은 어린이집을 다녔구나!"라고 말씀하셨다지요.

시간이 흘러 다미가 초등학교 4학년이 되었을 무렵, 어머님이 어린이집을 찾아오셨습니다. 장난스럽게 뛰어노는 아이들 사이로 들어오신 어머님은, 잠시 이야기를 나눈 뒤 제 손을 꼭 잡으며 말씀하셨습니다.

"원장님, 좋은 어른이 되어주셔서 감사합니다."

그 순간 마음이 뭉클했습니다. 30여 년 동안 엄마로, 원장으로 살아왔지만 '좋은 어른'이라는 말 앞에서는 아직도 더 성장해야겠다는 다짐이 생겼습니다. 나이를 먹었다고 저절로 좋은 어른이 되는 것이 아님을 새삼 깨달았습니다.

어린이집 원장으로서 '좋은 어른'이란 무엇일까요? 나는 아이들이 안전하고 건강하게 자랄 수 있는 환경을 세심하게 마련하고, 발달 단계에 맞는 교육을 연구하며 제공하는 것이 기본이라고 생각합니다. 함께 일하는 교사들이 존중받고 긍지를 느낄 수 있도록 작은 배려를 아끼지 않는 것, 그리고 학부모님들께는 때로는 따뜻한 위로를, 때로는 현실적인 조언을, 때로는 든든한 선배로서 곁을 지켜드리는 것이 필요하리라 싶습니다. 이 모든 마음과 행동을 지키며 아이들과 교사, 부모님 곁에서 신뢰받고 본이 되는 '좋은 어른'으로 부끄럽지 않게 살아내고 싶습니다.

대학 시절에는 미처 몰랐습니다. 그러나 30년이 지나, 어린이집 원장이라는 일이 얼마나 귀하고 소중한 자리인지 절실히 깨닫습니다. 지천명의 나이, 오십을 지나며 비로소 '내가 있어야 할 자리가 바로 여기구나'라는 확신이 마음 깊이 자리했습니다. 초저출산으로 사회와 교육 현장은 여러 걱정과 변화를 마주하지만, 제 마음은 한결같습니다. 마지막까지 영·유아와 함께하는 원장이고 싶고, 아이들과 부모님들의 기억 속에 오래도록 '좋은 어른'으로 남고 싶습니다.

아이를 키운다는 것은 결국 부모가 좋은 어른으로 성장해가는 과정입니다. 저 역시 늘 부족하지만, 아이들과 부모님 앞에서 부끄럽지 않은 '좋은 어른'으로 서고 싶습니다. 아이들과 함께하는 이 길의 끝에서, 나의 여정이 부모님들의 길에도 따스한 격려가 되기를 진심으로 바랍니다.

말은 사랑을 담는 통로입니다

"싫어!"는 나쁜 말이 아니에요

"싫어!"라는 말을 아이에게서 들으면 가끔은 마음이 조급해지고, 답답해지기도 합니다. 양치를 시킬 때, 밥을 먹일 때, 장난감을 정리할 때 등 수시로 아이는 "싫어!"라는 말과 함께 단호하게 고개를 젓습니다.

부모의 눈에는 때때로 반항처럼, 때로는 짜증처럼 보이지만, 사실 이 작은 단어는 아이의 마음이 자라고 있다는 신호입니다. 만 2세 전후 영유아들은 아직 감정을 세밀하게 말로 표현할 능력이 충분하지 않아요. 그래서 가장 직관적이고 강력한 단어, 바로 "싫어!"를 선택합니다. 그 안에는 이렇게 작은 속삭임이 숨어 있습니다.

"내가 결정하고 싶어", "이건 내가 원하지 않아", "다른 방법은 없을까?"

아이에게는 자기 선택과 의사를 존중받는 경험이 필요합니다. 거절을 경험하면서 아이는 자율성과 자기 조절력, 자기 효능감을 조금씩 배워갑니다. 즉 2~3세 영유아들의 "싫어!"는 자기중심적 사고와 강한 자율성 욕구를 보여주는 중요한 신호입니다. 양치가 싫거나, 밥을 먹기 싫거나, 장난감을 정리하기 싫다고 말할 때, 부모는 아이 마음을 먼저 인정해 주세요. "칫솔이 입 안에 닿는 게 불편했구나. 우리 함께 양치놀이 해볼까?", "지금은 하고 싶지 않구나. 5분만 같이 정리해 볼까?" 하거나, 놀이터에서 그만 놀고 집에 가자고 할 때도 "재미있어서 더 놀고 싶구나. 오늘은 10분만 더 놀고 집에 가자. 그동안 미끄럼틀 몇 번 탈까?" 이렇게 안내하면, 아이는 자신의 욕구가 인정받는 동시에 시간 조절과 자기통제를 배우게 됩니다. 작은 경험들이 쌓이면서, 아이는 자신의 감정을 안전하게 표현하고, 부모와의 약속도 조금씩 이해하게 됩니다.

조금 더 자란 4~5세 아이들은 언어 표현이 좀 더 발달해 자신의 생각을 구체적으로 말할 수 있습니다. 하지만 여전히 감정 조절은 완벽하지 않기 때문에 "싫어!"라는 말에는 여러 의미가 담기지요. 친구와 놀이감을 나누기 싫다고 할 때는 "이 장난감은 지금 네가 먼저 하고 싶은 거구나. 친구에게 순서를 이야기해 볼까?" 하거나, 옷을 갈아입기 싫다고 할 때는 "아직 갈아입기 싫구나. 엄마가 도와줄 테니 한 번 해볼까?"라고 말하는 겁니다. 이 시기에는 선택권과 시간제한, 구체적 행동 제시가 특히 효과적입니다. 아이는 자신의 마음을 표현하면서 동시에 규칙과 순서를 이해하고, 자기 통제력을 배우게 됩니다.

우리는 작은 실천으로 시작할 수 있습니다. 아이가 "싫어!"라고 말할 때, 먼저 숨을 고르고 기다려주세요. 아이의 불편함과 감정을 말로 확인하며 공감해 주고, 가능하다면 대안이나 선택권을 함께 제시해 주세요.

이런 과정 속에서 아이는 자기 마음을 당당히 표현하고, 부모는 아이 마음을 읽는 힘을 기르게 됩니다. 결국, "싫어!"는 결코 나쁜 말이 아닙니다. 아이가 자신의 감정을 스스로 알아차리고, 감정을 이해받는 경험을 쌓으며 성장하는 자기표현의 시작입니다.

부모와 아이가 서로의 마음을 존중하며 주고받는 경험 속에서, 아이는 점점 더 자신감 있고 건강하게 세상과 마주하게 됩니다.

칭찬보다 더 큰 힘, 격려

　가정에서 아이들은 온 가족의 많은 사랑과 관심을 집중해서 받으며 자랍니다. 요즘은 한 자녀 가정이 많아 '왕자님' 또는 '공주님'처럼 특별한 관심 속에서 성장하는 경우가 많습니다. 부모의 따뜻한 눈빛과 "잘했어, 최고야!"라는 말 속에서 아이는 사랑받는 존재임을 배우며 자랍니다.

　하지만 어린이집은 아이가 처음 경험하는 작은 사회입니다. 집에서는 언제나 최고였던 아이가, 친구들과 함께 지내면서 늘 최고일 수 없다는 사실을 배웁니다. 퍼즐을 맞추듯 아이도 조금씩 사회라는 큰 그림을 완성해 갑니다. 친구와의 갈등으로 인한 어려움, 선생님의 관심을 독차지하고 싶은 마음 그리고 부모가 기대하는 특별한 역할 사이에서 느끼는 서운함은 아이가 스스로 마음을 맞추고 세상을 이해하는 소중한 경험이 됩니다.

　칭찬은 분명 아이에게 기분 좋은 힘을 줍니다. '칭찬은 고래도

춤추게 한다'는 말처럼, 칭찬을 들으면 누구나 마음이 따뜻해집니다. 뇌 과학 연구에서도 칭찬을 받을 때 도파민이 분비되어 기분이 좋아지고, 스트레스 호르몬인 코르티솔은 억제된다고 합니다. 반면에 스트레스가 많으면 뇌 속 해마의 뉴런이 손상되어, 단기 기억을 장기 기억으로 저장하는 능력에도 문제가 생깁니다. 긴장한 상태에서는 아이의 뇌가 제대로 작동하지 않는다는 사실을 기억해야 합니다.

그렇다면 어떤 칭찬이 아이에게 도움이 될까요? 가장 중요한 것은 칭찬이 구체적이어야 한다는 점입니다. 아이가 한 행동에 초점을 맞추고, 그 순간의 노력과 마음을 인정하며 칭찬해 주세요. "착하다"라는 추상적인 칭찬은 아이를 '착한 아이'라는 틀 안에 가둘 수 있습니다. "최고야, 최고!" 같은 과장된 칭찬은 오히려 부담이 될 수 있습니다. 반면 "숙제 스스로 끝냈구나", "동생과 사이좋게 놀아줘서 고마워" 같은 구체적 칭찬은 아이에게 자신감을 줍니다.

또한 부모의 역할에 따라 칭찬의 영향력이 달라집니다. 엄마의 칭찬은 정서적 만족감을 주고, 아빠의 칭찬은 성취감과 인지능력에 긍정적 영향을 미칩니다.

좋은 칭찬은 일상의 작은 순간에서 시작됩니다. 밥상 차리기, 방 치우기, 숙제하기, 양치하기, 동생과 놀아주기 같은 사소한 행동도 놓치지 않고 알아봐 줍니다. "~해서 고마워!"라는 한마디가 아이에게 큰 힘이 됩니다. 잘못한 점이 있더라도 지나치게 지적하지 않고, 결과보다 과정을 바라보며 격려하는 마음을 전하는 것이 중요합니다.

　칭찬보다 더 큰 힘은 격려입니다. 격려는 결과와 상관없이 아이가 지금 서 있는 자리에서 힘을 내도록 곁에서 응원해주는 것입니다. 과거나 미래가 아닌 지금 이 순간에 초점을 맞춥니다.

　퍼즐을 맞추다 도중에 잘 맞지 않자 "못하겠어!"라며 금세 포기하려는 시윤이가 있었습니다. 그때 선생님이 다가가 이렇게 말했습니다. "고민하는 것을 보니 잘 해내고 싶구나. 같이 다시 한번 해볼까?" 선생님은 이어서 말합니다. "우와, 시윤이가 여기까지 맞춘 거야? 끈기가 대단하구나! 그럼, 이건 어떻게 하면 좋을까? 방향을 돌려서 이렇게 한번 해볼까?" 그리고 아주 작은 힌트를 주었지요. 단지 방향만 알려주었을 뿐인데, 아이는 다시 집중하며 조각을 끼워 넣기 시작했습니다. 마침내 퍼즐을 완성했을 때, 아이의 얼굴은 뿌듯함으로 환해졌습니다.

　칭찬과 격려를 전하는 선생님의 모습을 보며 저 또한 행복했습니다. 아이는 '나는 할 수 있다'는 경험을 온몸으로 느꼈고, 그 성취감은 단순한 칭찬보다 더 큰 용기가 되어 주었습니다. 이것이 바로 칭찬을 넘어선 격려의 힘입니다.

　교사가 퍼즐의 방향을 가볍게 잡아주듯이 부모의 격려도 아이의 길을 밝혀 줍니다. 답을 대신 찾아주거나 결과만 바라보기보다, 아이가 혼자 해낼 수 있도록 곁에서 응원하고 기다려주는 것이지요. "그렇게 해 보니까 잘 안 됐구나. 다른 방법은 없을까?"라는 말 한마디가 아이 마음에 작은 힌트가 되어, 스스로 길을 찾고 성취를 느끼도록 도와줄 수 있습니다. 틀렸더라도 비난하지 않고 아이의 느낌을 이야기하며 함께 공감합니다. 결과보다 과정에 집중해서 "5개나 맞았구나!"라고 말해주는 것이 훨씬 힘이 됩니다.

격려encourage라는 단어에는 '용기를 주다'와 '마음을 전하다'는 의미가 담겨 있습니다. 부모가 진심을 다해 아이에게 마음을 전하면, 그 순간만으로도 충분한 위로와 용기가 됩니다. 세계적인 교육학자 루돌프 드라이커스는 이렇게 말했습니다. "식물에게 물이 필요하듯이 자녀에게는 격려가 필요합니다."

나는 딸들에게 "너는 머리가 좋아!", "넌 똑똑해!"라는 말을 자주 했습니다. 세월이 지나 돌아보니, 그 말은 진정한 칭찬도 격려도 아니었습니다. 하기 싫은 일, 어렵다고 포기하고 싶은 일을 참고 성실히 해내는 과정, 속상하고 힘든 마음을 함께 공감하는 과정은 놓쳤습니다. 다시 그 시절로 돌아간다면, 나는 이렇게 말하고 싶습니다.

"어려운 것을 끝까지 참고 다 했구나. 고생 많았지?", "힘이 많이 들었을 텐데 잘 해냈네."

이처럼 아이의 노력과 과정을 바라보고, 공감과 위로를 담은 칭찬과 격려가 아이에게 진정한 힘이 되고, 마음의 약이 됩니다.

아이들의 거짓말, 그 속마음을 들여다보다

아침 등원 시간, 담임선생님은 혜서의 이마에 난 작은 상처를 발견했습니다. 선생님이 묻지도 않았는데 아이는 "엄마가 혜서를 때렸어!"라고 말합니다.

"혜서 이마가 다쳤던데, 혹시 어떻게 된 거예요? 아이가 '엄마가 때렸어!'라고 하던데요."

혜서 어머님은 잠시 놀란 표정을 지으시다가, 이내 웃음을 참지 못하시며 말씀하셨습니다.

"아, 아니에요. 그냥 다쳤을 뿐이에요."

다행히 엄마가 혜서를 때린 것은 아니었고, 아이가 한 말은 사실과 달랐습니다.

혜서는 이제 29개월, 학기 초만 해도 말은 거의 하지 못했고, 엄마와 헤어지는 것도 힘들어 울기만 하던 아이였습니다. 하지만 이제는 묻는 말에 답도 잘 하고, 자신의 생각을 조금씩 표현할 수 있게 되었습니다.

같은 반 진후도 집에서 자주 이렇게 말합니다.

"승규가 날 때렸어!", "선생님이 날 때렸어!"

말이 빠르고 어휘가 풍부한 진후는, 부모님과 선생님의 반응을 관찰하며 이런 말을 장난처럼 즐기는 듯했습니다.

아이들은 자신의 말과 행동에 주변이 어떻게 반응하는지 민감하게 느끼고, 이를 경험하면서 조금씩 배웁니다.

2세 쌍둥이 루빈과 루하도 학기 초 적응기에는 눈물이 많았습니다. 어느 날 루빈 어머님께서 조심스레 전화를 주셨습니다.

"루빈이가 '선생님이 루빈이 때렸어'라고 해요. 걱정이 되어서 확인하고 싶어요."

루빈이는 말을 또박또박 잘 해서 상황을 생생하게 설명했다고 합니다. 나는 해당 선생님은 절대 그런 행동을 하지 않는다는 것을 알고 있었지만, 부모님께서 걱정하시는 마음을 이해하며 확인 과정을 거쳤습니다.

선생님께 물어보니, 펄쩍 뛰며 절대 그런 일 없다고 하셨습니다. 다만, 머리를 빗겨주고 묶어 준 적이 있는데, 빗질하다 머리가 엉켜 아팠는지 루빈이가 짜증을 낸 적은 있었다고 말씀하셨어요.

어쩌면 루빈이는 그 순간의 불편함을 크게 느껴 엄마에게 '때렸다'고 표현했을지도 모릅니다. 나는 루빈 어머님께 상황을 자세히 말씀드렸고, 어머님은 안심하셨습니다. 그 후 루빈과 루하는 어린이집에 잘 적응하며 즐겁게 생활했습니다.

아이들의 작은 거짓말 속에는 여러 이유가 있습니다. 난처하거나 곤경에 빠졌을 때, 갖고 싶은 것을 부모님이 사주지 않을 것 같다고 생각할 때, 야단을 맞을까 두려울 때, 혹은 단순히 장난처럼 말하는 경우도 있습니다.

이때 부모님과 선생님이 해야 할 일은 아이를 혼내며 불안하게 만드는 것이 아니라, 아이의 숨은 마음을 읽어주는 것입니다.

"사실대로 이야기하면 혼날까 봐 무섭구나. 나는 왜 그렇게 말했는지 궁금해."

아이들이 거짓말을 습관으로 만들지 않도록 사실대로 말할 기회를 주고, 거짓말이 가져올 어려움을 자연스럽게 알려주는 것이 좋습니다.

아이들은 부모와 선생님의 반응을 보고, 상황을 왜곡해 말하기도 합니다. 그 속에는 두려움도, 호기심도, 장난도 섞여 있습니다. 아이가 거짓말을 했을 때, 화내기보다는 마음을 읽어주고 안전하게 표현할 기회를 주는 것이 아이가 진실을 말하는 용기를 갖게 하는 길입니다.

아이에게 '말'하지 말고 '대화'하세요

아침마다 아이와 씨름하는 시간, 부모에게는 하루의 첫 전쟁이 됩니다. "빨리 해!", "또 안 했어?" 입에서 튀어나오는 말 속에는 비난과 명령이 숨어 있습니다. 아이는 마음을 닫고, 부모는 더 조급해집니다.

저 역시 그런 아침을 여러 번 겪었습니다. 그러다 비폭력 대화 NVC라는 소통법을 만났습니다. 단순히 말투를 예쁘게 바꾸는 기술이 아니라, 마음을 있는 그대로 전달하고 서로의 진심을 잇는 방법입니다. 관찰하고, 느낌을 전하고, 바라는 마음을 말하고, 부탁하는 네 단계만으로도 아이와의 하루가 달라지기 시작했습니다.

하민이 엄마도 비슷한 고민을 하고 있었습니다. 하민이네 아침은 아침잠 깨우기부터 양치, 아침밥, 머리 빗기, 옷 입기를 거쳐 어린이집으로 나가는 순간까지 마치 전쟁 같았습니다. 재촉과 화, 협박이 반복되는 시간 속에서 하민이 엄마는 답답함을 토로했습니다.

나는 하민이 엄마에게 비폭력 대화를 소개하며, 반복해서 연습하다 보면 자연스럽게 달라질 수 있다고 전했습니다.

다음은 하민이네 아침, 전쟁에서 협력으로 비폭력 대화 단계 적용 사례입니다.

깨우기

관찰 "하민아, 지금 8시야."
느낌 "엄마는 하루를 차분하게 시작하고 싶어."
바람 "일어나서 아침 먹고 힘찬 하루를 시작하자."
부탁 "불 켜줄까, 아니면 다리를 주물러줄까?"
→ 하민이는 "다리를 주물러줘" 하며 자연스럽게 일어났습니다.

양치

관찰 "칫솔 들고 있네?"
느낌 "엄마는 하민이 이가 건강하면 마음이 편안해."
바람 "우리 양치 노래 부르면서 해볼까?"
부탁 (함께 부르며 참여 요청)
→ 하민이는 장난스럽게 따라 부르며 이를 닦았습니다.

아침밥

관찰 "우유랑 계란 중에서 선택할 수 있어."
느낌 "엄마는 네가 힘 있게 하루를 시작하길 바라."

| 바람 | "아침을 먹으면 어린이집에서 더 신나게 놀 수 있어. 머리에도 힘이 생겨서 생각도 더 잘할 수 있지."
| 부탁 | "무엇을 먼저 먹고 싶어?"
→ 하민이는 계란을 선택하고, 스스로 숟가락을 들었습니다.

머리 빗기와 옷 입기

| 관찰 | "머리 빗는 시간이야. 옷도 입어야 해."
| 느낌 | "엄마는 서두르지 않고 시간을 여유 있게 준비하기를 바래."
| 바람 | "단정하면 하루가 더 기분 좋을 거야."
| 부탁 | "네가 먼저 해볼래, 아니면 내가 도와줄까?"
→ 하민이는 스스로 머리를 빗고 옷을 입으며 자율성을 경험했습니다.

출발 준비

| 관찰 | "이제 5분 후에 집을 나가야 해."
| 느낌 | "엄마는 시간 맞춰 나가면 마음이 편해."
| 바람 | "신발 먼저 신고 준비하자."
| 부탁 | "먼저 신발 신기부터 해볼래?"
→ 하민이는 고개를 끄덕이며 스스로 운동화를 꺼내 신었습니다.

 작은 대화 하나가 집안의 아침 공기를 바꾼 것입니다. 단 10분만 여유를 두어도 "빨리빨리"라는 말은 줄어들고, 아이의 마음도 차분해집니다. "파란 티셔츠 입을까, 노란 티셔츠 입을까?"처럼 선택권을 주면, 아이는 자기 삶을 주도한다는 기쁨을 맛봅니다. 현관 앞에서 하이파이브를 하거나 짧은 노래 한 소절을 부르는 작은 의식은 하루를 모험처럼 시작하게 합니다.

잠자리, 손 씻기, 장난감 정리 등 하루의 작은 순간에도 같은 원리를 적용할 수 있습니다.

"수연아, 밥 먹기 싫다는 걸 알고 있어. 엄마는 네 건강이 걱정돼. 조금 있다가 먹을래, 아니면 엄마가 먼저 조금만 차려줄까?"

"지우야, 블록이 그대로 있네. 엄마는 집이 어지럽게 보여서 속상해. 다음부터는 장난감 상자에 넣어줄래?"

"준호야, 엄마랑 손 씻기 놀이 해볼까?"

관찰, 느낌, 바람, 부탁을 담아 전달하니 아이는 방어할 필요 없이 자연스럽게 받아들입니다.

'말'은 부모가 하고 싶은 것을 일방적으로 전달하는 것에 가깝습니다. 명령이나 재촉, 때로는 화가 섞이기도 하죠. 반면 '대화'는 아이의 마음을 듣고, 함께 고민하며 해결책을 찾아가는 과정입니다. 아이가 마음을 열고 참여할 수 있는 소통이죠.

혹시 이 글을 읽으며 "좋은 건 알지만, 말이 쉽지 막상 해보려면 어려워" 하고 느낄 수도 있습니다. 저 역시 마찬가지입니다. 알면서도 예전 습관대로 말하게 되고, 무심결에 화를 내기도 합니다. 하지만 강의를 듣고, 함께 연습하며 조금씩 익혀 갔습니다. 완벽함보다 시도하고 반복하는 것이 부모와 아이 사이를 바꾸는 힘이 됩니다.

말보다 대화, 명령보다 부탁이 아이 마음에 깊이 닿습니다. 오늘 하루, 작은 햇살 같은 대화를 시작해 보세요. 아이의 하루가 달라지고, 부모의 마음도 한결 가벼워질 것입니다. 사랑은 그렇게 부드러운 한마디 속에서 자랍니다.

아이 마음의 언어를 배웁니다

적응 기간, 어린이집에 처음 온 2세 민준이는 엄마와 떨어지기 싫어 울음을 터뜨렸습니다. 선생님은 민준이에게 다정하게 말했습니다.

"엄마랑 떨어져서 속상했어? 간식 먹고 나면 엄마가 다시 오실 거야. 잠시 친구들과 놀면서 기다려보자."

그리고 곁에서 잠시 기다려주자, 민준이는 조금씩 마음을 안정시킬 수 있었습니다. 이렇게 아이의 감정을 인정하고, 앞으로 상황이 안전하다는 안내를 함께 전달하는 경험만으로도 아이는 안정감을 느끼고, '내 마음이 이해받고 있구나'라는 경험을 쌓게 됩니다.

영아는 태어나면서부터 부모의 목소리, 표정, 주변의 작은 분위기까지 읽습니다. 다정하게 말을 건네면 마음이 누그러지고, 성급하게 "그만 울어!"라고 하면 더 불안하고 당황하게 됩니다. 긍정적인 정서 발달은 바로 이런 경험에서 시작됩니다.

아이의 마음은 언어 이전에도 충분히 말하고 있습니다. 기쁨, 화, 슬픔, 즐거움, 사랑, 미움과 바람 같은 다양한 감정을 느낄 때, 부모가 그것을 있는 그대로 인정하고 따뜻하게 받아주면 아이는 '나는 사랑받을 가치가 있는 존재구나'라고 느낍니다. 반면에 늘 훈계나 비난을 받거나 부정적 감정을 억압당하면 아이는 자신의 마음이 중요하지 않다고 여기며 낮은 자존감을 갖게 됩니다.

부모의 양육 방식에 따라 아이의 마음은 달라집니다. 감정을 억압하면, 아이는 '내 마음은 나쁜 것이구나'라고 여기고 화가 날 때 부모처럼 충동적으로 표현할 수 있습니다. 감정을 축소하거나 다른 곳으로 돌리면, 아이는 '내 마음은 중요하지 않다'고 느끼고 불편한 마음을 간식이나 장난감으로 달래는 습관이 생기기도 합니다. 우리는 아이의 감정을 다 받아주되, 꼭 행동의 한계를 알려주어야 합니다. 행동의 한계가 없으면 아이는 자기중심적이 되고 또래 관계에서 어려움을 겪을 수 있습니다.

반면에 공감형 부모는 아이의 마음을 따뜻하게 받아주면서도 행동에는 분명한 제한을 알려줍니다. 아이가 울거나 짜증을 낼 때, "속상했구나, 마음이 아팠겠구나"라고 먼저 말해주세요. 그리고 "다음에는 어떻게 하면 좋을까?"라고 함께 방법을 찾아보며 스스로 해결하도록 돕습니다. 이렇게 공감과 안내를 함께 경험한 아이는 마음이 빨리 안정되고, 자신을 소중히 여기는 법과 문제를 해결하는 힘을 자연스럽게 배웁니다.

아이의 마음을 이해하고 싶다면, 먼저 부모 자신이 자신의 감정을 살피는 것부터 시작해 보세요. 아이가 울거나 짜증을 낼 때, 먼저 "지금 나는 왜 조금 불편하지?"라고 물어보는 것만으로도 아이의 마음을 더 잘 이해할 수 있습니다.

부모가 자신의 감정을 알아차리고 부드럽게 다룰 수 있을 때, 아이는 부모를 믿고 마음을 표현할 수 있습니다. 부모가 먼저 마음을 살피는 일은 아이의 마음을 이해하고 따뜻하게 보듬어주는 첫걸음이 됩니다. 작은 실천만으로도 충분합니다. 아이가 울 때 잠시 기다려주고, 아이의 마음을 말로 표현해주며, 함께 해결 방법을 찾아보는 것입니다. 여기에 부모 자신의 감정을 돌아보는 경험까지 더해진다면, 아이는 조금씩 감정을 조절하고, 다른 사람과 공감하며 건강한 관계를 맺는 힘을 배우게 됩니다.

영아기는 감정을 통해 자신이 사랑받는 존재임을 느끼는 시기입니다. 부모에게 공감을 받은 경험은 아이의 정서 발달과 자존감 형성에 큰 영향을 줍니다. 공감형 부모 아래 자란 아이는 안정적이고 자신감 있는 성격으로 자라며, 평생 자신의 마음을 존중하고, 다른 사람과 공감하며 살아가는 힘을 배우게 됩니다.

부모 자신이 먼저 자신의 마음을 이해하고 다정하게 표현하는 것, 이것이 바로 내 아이가 마음의 언어를 배우는 출발점입니다.

말하기 전에 다 해주지 마세요, 내 아이 언어 발달의 비밀

어린이집에는 언어 발달이 조금 늦어 언어치료를 받는 아이들이 적지 않습니다. 요즘 아이들의 언어 발달이 예전보다 늦어지는 이유는 여러 가지가 있지만, 무엇보다 아이가 경험하는 환경이 큰 영향을 미칩니다. 주변 사람과 얼마나 자주 소통하고 말과 표정을 모방할 기회를 갖느냐가 발달의 중요한 열쇠이기 때문입니다.

특히 코로나19 팬데믹 이후, 이런 문제는 눈에 띄게 나타났습니다. 마스크로 표정을 제대로 볼 수 없고, 외부 접촉이 제한되면서 아이들은 말하는 사람의 입 모양과 표정을 충분히 관찰할 기회를 잃었죠. 아기가 옹알이를 할 때 양육자나 선생님이 눈을 맞추고 "쉬 했어?", "이제 시원하지?"라고 말해주거나, "까까?", "아야?", "앗 뜨!" 같은 발달 단계에 맞는 언어적 반응을 보여주는 경험은 아이에게 말과 소통의 즐거움을 선물합니다. 그런데 이런 기회가 줄어들면서 언어 발달에도 어려움이 생긴 것입니다.

희찬이는 세 살, 또래보다 말이 느린 아이였습니다. 어린이집에서 관찰하고 부모님과 상담해 보니, 집에서는 부모님이 희찬이가 말하기 전에 필요한 것을 먼저 해결해주는 습관이 있었습니다. "희찬이, 물 마실래?", "그럼 물 달라고 말하면 돼!", "배고파?", "밥 줄까?" 사랑과 관심에서 비롯된 자연스러운 행동이었지만, 아이가 스스로 말하고 표현할 기회를 줄이는 결과가 되었던 것이죠.

물론 부모님이 잘못한 것은 아닙니다. 다만 내 아이의 언어 발달을 위해서는 조금만 기다려주는 연습이 필요합니다. 아이가 한 단어, 한 문장을 말할 때 귀 기울이고 정확한 언어로 반복해 주세요. 예를 들어, 아이가 "타당"이라고 하면 "사탕 줘?"라고 정확하게 따라 말해주는 겁니다. 귀엽다고 흉내 내거나, 틀렸다고 놀리는 것은 아이가 말하고 싶지 않게 만들 수 있으니 조심해야 합니다.

민준이는 두 살에 어린이집에 처음 왔습니다. 아들만 셋인 집의 막내였지만, 언어적 표현에 큰 어려움이 있었죠. 해외 근무 중인 아빠의 도움 없이 홀로 아이들을 돌보는 엄마의 우울과 무기력감 때문에 민준이는 충분한 언어 자극을 받기 어려웠습니다.

너무도 감사하게 담임선생님이 매일 아침 30분 일찍 등원해서 민준이와 특별 시간을 가져보겠다고 제안해 주셨어요. 동화책을 함께 읽고, 말놀이를 하며 천천히 언어를 연습하는 감동적인 그 시간은 민준이에게 세상과 소통하는 작은 다리가 되어 주었습니다. 어머님도 언어치료실에 함께 다니며 집에서 반복 연습을 도와주셨습니다. 하루하루 쌓인 작은 성취들이 모여 민준이는 이제 즐겁게 친구들과 이야기하고, 자신의 마음을 또렷하게 표현하는 초등학생으로 성장했습니다.

2세반 담임선생님들은 신학기 한 달 만에 아이들의 말이 눈에 띄게 늘어나는 모습을 보고 감격하십니다. 혜윤이는 동화책을 혼자 넘기며 읽는 시늉을 하고, 명절 연휴 후에는 "아빠는 회사에 가셨어요", "선생님이 머리 묶어 주셨어요"라며 존댓말로 문장을 말하기 시작했습니다. 듣고 배운 언어를 상황에 맞게 자연스럽게 표현하는 모습은, 아이가 얼마나 많이 배우고 있는지를 그대로 보여줍니다.

결국 내 아이의 언어 발달을 위해 우리가 할 수 있는 일은 간단합니다. 말하기 전에 다 해주지 않고, 아이에게 말을 걸고 기다려주며, 올바른 언어를 반복해 주는 것입니다. 직장에 다니는 부모라면 시간이 짧아도 괜찮습니다. 중요한 것은 양육의 '양'보다 '질'이니까요.

아이에게 말을 걸어주고, 기다려주고, 올바르게 반복해 주는 것, 그것이 내 아이가 세상을 향해 목소리를 내는 첫걸음이 됩니다.

오해 속에서 배우는 이해와 존중

학기 초, 어린이집 적응이 채 끝나지 않은 어느 날이었습니다. 그 날의 한 사건이 아이와 부모 그리고 우리 교사 모두에게 소중한 배움의 시간이 되었습니다.

한 부모님이 다급한 목소리로 전화를 걸어 오셨습니다.

"원장님, 우리 상우가 친구에게… 그게, 만져졌다고 하는데 알고 계시나요?"

곧이어 어린이집에 오신 상우 어머니의 얼굴은 붉게 달아올라, 걱정과 화가 섞인 목소리로 담임선생님과 저에게 말씀하셨습니다.

"상우 고추가 빨갛게 되었더라고요! 어떻게 어린아이가 남의 몸을 만질 수 있나요? 선생님은 도대체 뭐하고 계시는 거예요?"

나는 순간 놀라움과 당황스러움을 느꼈습니다.

어린아이들의 세상에서는 때로는 부모가 상상하는 것보다 훨씬 단순하고 작은 사건들이 오해로 커질 수 있다는 것을 알고 있었기 때문입니다. 나는 차분히 상황을 정리하고자 상우 어머니께 자세한 이야기를 부탁드렸습니다.

집에서 상우가 이야기한 바에 따르면, 낮잠 시간에 같은 반 친구 유한이와 예진이가 상우의 신체를 만졌다는 것이었습니다. 담임선생님께 확인해보니, 낮잠 시간에 아이들은 서로 떨어진 자리에서 자고 있었습니다.

하지만 부모님의 믿음은 쉽게 흔들리지 않았습니다. CCTV 확인을 요청하셨고, 우리는 동의서를 받아 확인하려 했습니다. 하지만 일부 교실 녹화 파일이 하드디스크 불량으로 저장되지 않은 상태였습니다. 그 순간 아이를 보호하고 싶은 마음과 억울함을 겪는 다른 아이들을 지켜야 하는 책임 사이에서 무거운 선택을 해야 함을 느꼈습니다.

CCTV 설치업체와 복구 전문업체에 연락했지만, 한 달여의 기다림 끝에 복구는 불가능하다는 결과만 받았습니다. 그 사이 상우 부모님은 매일 아이에게 사건 경위를 물으셨고, 상우는 부모님의 질문을 자신이 겪은 일처럼 기억하게 되었습니다. 결국 나는 상우, 유한, 예진, 담임선생님의 이야기를 종합해 '그런 일은 없었다'고 단호히 말씀드릴 수밖에 없었습니다.

CCTV 불량과 관련해서는 공식 확인서를 보여드리며 원장의 고의가 아님을 설명했지만, 상우 부모님은 아들을 '피해자', 유한과 예진을 '가해자'라고 반복하며 흥분을 가라앉히지 못하셨습니다. 안타깝게도 상우는 어린이집을 떠났습니다. 한 달여의 시간 동안 모두의 마음에는 무거움이 남았습니다.

하지만 그 사건을 돌아보며 배운 것이 있습니다. 아이의 행동은 부모가 해석하는 것과 달라서 오해가 생길 수 있습니다. 객관적 자료조차 완전하지 않을 수 있으며, 기술적 문제는 충분히 설명되어야 합니다. 부모와 교사, 아이 모두의 이야기를 균형 있게 듣고, 감정을 조절하며 소통하는 일이 얼마나 중요한지도 알게 되었습니다.

어린 시절의 경험은 아이에게 그대로 기억으로 남지만, 부모의 마음과 태도 역시 아이의 마음에 깊이 새겨집니다. 그래서 우리는 아이를 이해하고 보호하며, 동시에 부모 스스로도 마음을 다독이는 연습이 필요합니다. 작은 사건일지라도 아이와 부모, 교사가 함께 배워가는 과정이 중요합니다.

아이를 믿고 상황을 차분히 관찰하며 서로를 존중하는 마음, 그것이 어린이집에서, 가정에서 아이와 함께 자라는 길이라는 생각을 다시 한번 깊이 새깁니다.

말과 믿음 사이

아이들이 모두 귀가한 후, 교사들과 함께 설날 행사를 준비하며 역할을 나누는 회의를 오래도록 하고 있었습니다. 시계가 6시를 가리킬 때쯤, 교사들이 하나둘씩 퇴근 준비를 시작했습니다.

그때, 평소와 달리 굳은 표정의 우린이 어머님이 현관문을 열고 들어오셨습니다. 순간, 사무실 안의 공기가 살짝 얼어붙는 듯했습니다.

"빛나라반 선생님과 이야기하고 싶어요. 우린이가 오늘 선생님이 점심시간에 우린이 머리를 때렸다고 하더라고요. 그리고 아이들이 밥을 다 안 먹으면 왜 계속 먹이시나요? 안 먹고 싶으면 안 먹어도 되는 거 아닌가요? CCTV를 보고 싶습니다."

어머님의 말 한마디에 교사들의 얼굴에는 긴장감이 스쳤습니다. 나는 마음을 가다듬고 조심스럽게 말씀드렸습니다.

"나는 선생님들을 믿습니다. 오늘 무슨 일이 있었다면 그럴 만한 이유가 있었을 거라고 생각해요. 하지만 정확한 사실은 선생님과 직접 이야기하며 확인하는 것이 좋을 듯해요."

하지만 빛나라반 선생님은 이미 퇴근하신 상태였습니다. 다시 어린이집으로 오시도록 요청드려 어머님과 선생님 그리고 내가 사무실에 마주 앉았습니다.

"어머님, 오늘 궁금하신 점을 다시 말씀해 주세요."

조금 떨리는 목소리로 어머님은 말을 이었습니다.

"우린이가 오늘 점심시간에 선생님이 머리를 때렸다고 하더라고요."

나는 선생님께 조심스럽게 여쭤보았습니다.

"오늘 그런 일이 있었나요?"

잠시 생각하시던 선생님은 고개를 저으며 답하셨습니다.

"아니오. 그런 일 없었습니다."

아이의 말과 선생님의 기억이 엇갈리는 순간, 사무실 안에는 묘한 긴장감이 감돌았습니다. 맞았다고 주장하는 아이는 있지만, 실제로 때린 사람은 없는 상황이었습니다. 나는 CCTV 확인 없이는 이 상황을 정확히 이해할 수 없겠다고 판단했습니다.

"어머님, CCTV를 보는 절차가 있습니다. 지금 함께 확인해보겠습니다."

주임 선생님과 함께 점심시간 영상을 틀었습니다.

화면 속에는 두 반으로 나뉜 열네 명의 아이들이 두 명의 선생님과 함께 식사하고 있었습니다. 우린이는 평소처럼 식사 시간이

길고, 자주 움직이며 양도 적은 편이었습니다. 선생님은 아이 곁에서 조용히 지켜보며, 때로는 수저로 밥을 떠먹여 주셨습니다.

나는 조심스러운 마음으로 선생님께 다시 물었습니다.

"왜 우린이에게 조금 더 먹이려고 하셨나요?"

선생님은 "학기 초에 많이 안 먹어서 양을 줄였는데, 여전히 빨리 못 먹어요. 배가 고프고 힘들까 봐 조금이라도 더 먹게 하려고 했습니다"라고 답하셨어요.

영상을 정상 속도, 2배속, 4배속으로 돌려 확인했지만 머리를 때리는 장면은 어디에도 없었습니다. 선생님의 손길과 눈길은 온전히 아이를 향해 있었습니다. 어머님은 집중해서 화면을 바라보셨지만, 끝내 무표정이셨습니다. 그 모습을 보며 제 마음도 울컥했습니다.

이 경험을 통해 부모님께 꼭 전하고 싶은 마음이 있습니다. 먼저, 아이의 말만으로 상황을 판단하지 않으셨으면 합니다. 아이는 하루의 경험을 다르게 느낄 수 있습니다. 두 살, 세 살의 하루는 어른이 보는 것과 전혀 다른 시선으로 기록되기도 하지요. 부모가 듣는 한마디가 반드시 사실과 같지 않을 수 있다는 점을 꼭 기억해주세요.

그리고 교사의 마음과 노고를 헤아려 주셨으면 합니다. 영·유아를 돌보는 교사는 작은 손짓과 말 한마디에도 정성을 쏟습니다. 아이가 밥을 잘 먹도록 기다리고, 행동 하나하나를 살피며 지도하는 일은 결코 쉽지 않습니다. 부모가 이를 인정하고 존중할 때 교사와 아이 모두에게 안정과 신뢰가 생깁니다.

　마지막으로, 서로를 믿고 소통하는 마음이 가장 중요합니다. 부모와 교사 사이의 신뢰가 든든할수록 작은 오해가 큰 걱정으로 번지는 일은 줄어듭니다. 궁금한 일이 생기면 전화나 알림장보다 직접 만나 이야기 나누는 것이 가장 효과적입니다.

　아이를 이해하려는 마음, 교사의 노고를 감사히 바라보는 마음, 그리고 서로를 믿고 소통하려는 마음이 모아질 때 어린이집은 아이와 부모 모두에게 안전하고 따뜻한 공간이 됩니다. 작은 말 한마디가 걱정으로 번지더라도 한 걸음 뒤로 물러서서 사실을 확인하고 마음을 살피는 습관을 갖는 것이 참으로 중요합니다.

사랑과 원칙 사이에서 균형 잡기

아이를 키우다 보면 하루에도 수없이 "어떻게 해야 할까?"라는 질문에 부딪힙니다. 울고 떼쓰는 아이를 바라보면서 부모의 마음도 함께 흔들립니다. 순간적으로 "속상했구나, 네 마음 이해해"라고 공감해 주고 싶지만, 그 마음이 지나치면 정작 지켜야 할 원칙을 놓치는 순간이 생기기도 합니다.

영아기에는 훈육보다 애착과 안정이 우선입니다. 아이가 울 때 안아주고 민감하게 반응하며, "괜찮아, 엄마가 여기 있어"라는 말을 하지 않아도 마음으로 느끼게 해주는 것만으로 충분합니다. 이 시기의 아이에게 가장 중요한 것은 세상과 연결되어 있다는 신뢰감이니까요.

하지만 유아기가 되면 상황은 달라집니다. 아이는 이제 자신의 행동에 책임을 지고, 사회 속에서 살아가는 법을 배워야 합니다. 이때부터 필요한 것이 바로 훈육입니다.

훈육은 단순히 잘못을 혼내거나 통제하는 것이 아니라, 아이가 스스로 옳고 그름을 구별하고 행동을 조절할 수 있도록 돕는 사랑의 교육과정입니다. 훈육의 목적은 복종이 아니라 '내면의 질서'를 세우는 것입니다. 부모는 단호하면서도 따뜻하게 원칙을 가르쳐야 합니다. "지금은 안 되는 거야"라고 짧고 명확하게 알려주되, 무섭지 않은 눈빛과 태도로 전달하는 것이 핵심입니다.

그런데 많은 부모가 이 지점에서 자주 실수합니다. 떼쓰는 아이의 감정을 지나치게 공감하느라 "그래, 속상했구나"라는 말과 함께 원하는 것을 들어주거나 원칙을 유보하게 되는 경우입니다. 아이의 감정은 인정받았지만 세상에는 반드시 지켜야 할 규칙이 있다는 사실은 배우지 못합니다. 공감이 지나치면 훈육의 본질— 옳고 그름, 원칙, 책임감 —이 흐려지고, 아이는 무엇이 옳은지 혼란스러워집니다.

나에게도 그런 순간이 있었습니다. 딸이 어렸을 때 백화점에서 갑자기 드러누워 울었던 적이 있습니다. 이유는 기억나지 않지만 그때 나는 "울고 떼쓰는 것은 들어주면 안 된다"라는 배움에 너무 집착했습니다. 사람들의 시선이 느껴져서 마음은 당황스럽고 부끄럽기까지 했습니다. 결국 나는 큰 소리로 우는 딸을 두고 혼자 앞으로 걸어갔습니다. 잠시 후, 딸은 울면서 나를 따라왔지요.

돌이켜보면, 그때 행동은 반은 맞고 반은 틀렸습니다. 아이에게 원칙을 가르치려 한 것은 옳았지만, 너무 일방적이었습니다. 떼쓰고 우는 아이를 무시하는 것으로 버릇을 고치려 한 것이죠. 사실은 조용한 곳, 화장실이나 계단 구석으로 아이를 데리고 가서 눈을 맞추고 왜 우는지, 왜 지금은 들어줄 수 없는지 차분히 설명했어야 했습니다. 그 과정에서 아이의 감정을 인정하면서도 원칙을 지킬 수 있었을 겁니다.

또 다른 잘못된 예도 있습니다. 부모들이 종종 말하는 "너, 집에 가면 혼날 줄 알아"라는 위협적인 말입니다. 순간에는 아이가 겁을 먹고 행동을 멈출 수도 있지만, 이것은 아이의 행동을 두려움으로 통제하는 방법일 뿐입니다. 아이는 자신이 무엇을 잘못했는지, 왜 안 되는지를 이해하지 못한 채 두려움과 불안만 배우게 됩니다. 아이는 옳고 그름을 스스로 깨닫기보다 부모의 기분이나 위압감에 맞춰 행동하는 법만 배우게 됩니다.

진정한 훈육은 사랑으로 세운 건강한 권위authority를 기반으로 합니다. 권위는 본래 부정적이지 않습니다. 아이가 신뢰하고 따를 수 있는 부모의 안정된 영향력, 즉 안전한 울타리와 지침이 바로 권위입니다. 두려움이나 위협이 아니라, 이 권위를 통해 아이는 스스로 옳고 그름을 배우고 책임 있는 선택을 할 수 있습니다.

성경에서도 이렇게 말합니다. "아버지들아, 너희 자녀를 노엽게 하지 말고 주의 교훈과 훈계로 양육하라." 이 말씀은 아이를 억누르거나 두렵게 하지 말고, 사랑의 기반 위에서 가르치라는 뜻입니다. 진정한 훈육은 아이를 노엽게 하지 않으면서도, 해야 할 일과 하지 말아야 할 일을 분명히 세워주는 것입니다.

훈육의 원칙은 어렵지 않습니다. 첫째, 안 되는 것은 일관되게 안 된다. 둘째, 아이의 감정은 인정하되 행동에는 책임이 따른다. 셋째, 부모의 감정이 아닌 가치 기준으로 말한다. 이 세 가지 원칙만 지켜도 아이는 혼란스럽지 않습니다. 훈육은 결국 사랑과 원칙 사이의 균형입니다.

부모가 이 균형을 지킬 때 아이는 안정감과 신뢰 속에서 자신을 존중하고, 타인을 배려하며, 세상을 이해하는 힘을 키워갑니다. 그 사이에는 단단한 신뢰와 따뜻한 관계가 자라납니다. 결국 사랑으로 세운 원칙만이 아이의 마음에 오래 남습니다.

친구 관계에 개입하고 싶은 순간

햇살이 밝게 드는 어느 날, 2세반 철민이 어머님이 교실 창 너머로 아이들을 바라보며 말씀하셨습니다.

"선생님, 민서가 어떤 표정을 지을 때 철민이가 따라 하는 것 같아요. 괜히 영향을 받을까 봐 걱정돼요."

며칠 뒤, 조금 더 확신에 찬 목소리로 다시 물으셨습니다.

"민서랑 너무 자주 놀면 걱정돼요. 혹시 가까이 지내지 않게 해주실 수 있을까요?"

사랑에서 나온 말이라는 것을 알지만, 문득 마음속에 작은 물음이 떠올랐습니다.

'혹시 지금 아이가 스스로 겪고 배우는 기회를 빼앗고 있는 건 아닐까?'

2세 교실은 어른의 눈으로 보면 불완전한 사회입니다. 아이들은 장난감을 빼앗기도 하고, 친구의 등을 밀치기도 하지요. 하지만 바로 이곳에서 아이들은 '사람과 함께하는 법'을 배웁니다. 불편한 친구를 만나고, 눈물을 흘리고, 다시 웃게 되는 과정을 통해 아이들은 갈등을 견디는 힘과 타인의 다름을 받아들이는 마음을 조금씩 키워갑니다. 교과서나 집에서는 쉽게 배울 수 없는 소중한 경험이죠.

부모가 모든 위험을 막아주고 싶은 마음은 자연스럽습니다. 하지만 '그 친구랑 안 놀게 해 주세요'라는 부모의 한마디는 아이가 스스로 갈등을 해결하고 친구 관계를 회복할 기회를 빼앗을 수도 있습니다.

친구 관계는 부모가 만들어주는 것이 아니라, 아이가 부딪히며 배워가는 것입니다. 아이가 친구 이야기를 하며 속상한 표정을 지을 때 이렇게 물어보세요.

"그때 어떤 마음이 들었어? 다시 잘 지내려면 어떻게 하면 좋을까?"

이런 질문 하나가 아이 마음속에 작은 '사회성'의 씨앗을 심습니다. 부모는 단지 그 씨앗이 안전하게 자랄 수 있도록 살짝 떨어져서 지켜보는 정원사가 되어주면 됩니다.

철민이와 민서처럼 서로 다른 아이가 친구가 되는 모습을 보며 불안할 수도 있습니다. 하지만 바로 그런 다양함 속에서 아이들은 세상을 배우고, 어느새 훌쩍 자라납니다. 조금 불편해도, 아이가 스스로 일어설 기회를 주는 것이 아이 사회성을 건강하게 키우는 가장 따뜻한 방법입니다.

아이는 자랍니다

세 살의 애착이 평생을 지탱한다

　새 학기의 아침, 어린이집 교실 앞은 늘 작은 드라마가 펼쳐집니다. 어떤 아이는 씩씩하게 인사를 하고 교실로 들어가지만, 어떤 아이는 문 앞에 서자마자 울음을 터뜨립니다. 두 팔로 엄마 다리를 감싸며 떨어지지 않으려는 모습에 부모 마음은 덩달아 조급해집니다.
　우리 아이가 혹시 적응을 못 하는 건 아닐까 하는 걱정이 밀려오지요. 하지만 사실 그 눈물은 '실패'의 신호가 아닙니다. 오히려 아이가 사랑하는 사람과의 이별을 아직 서툴러 한다는 뜻이고, 그만큼 애착이 건강하다는 증거이기도 합니다.
　아이는 울음을 통해 이렇게 말합니다.
　"엄마, 나는 엄마가 좋아. 엄마가 필요해."
　그리고 잠시 뒤, 다시 엄마 품에 안겼을 때 아이는 안정감을 얻습니다. 마음이 채워지고 나면 금세 눈물을 그치고 새로운 세상 속으로 발걸음을 내딛는 힘을 얻게 되지요.

아이에게 가장 중요한 시기는 세 살 이전입니다. 이때 경험하는 안정된 애착은 평생을 지탱하는 든든한 뿌리가 됩니다. 아직 말로 다 표현하지 못하는 아기라도 부모의 눈빛, 품의 온기, 다정한 목소리를 통해 "나는 소중한 존재구나"라는 메시지를 배우게 됩니다. 그래서 이 시기에는 무엇을 배우느냐보다 어떻게 사랑받느냐가 훨씬 더 중요합니다.

애착은 아이에게 "나는 소중한 존재야", "내 마음을 알아주는 사람이 있어", "세상은 안전하구나"라는 세 가지 중요한 메시지를 심어줍니다. 이 단순한 메시지가 아이가 앞으로 새로운 경험에 도전하고, 넘어졌다가도 다시 일어나는 힘을 길러줍니다.

안정된 애착을 가진 아이는 부모를 '안전기지' 삼아 세상을 탐험합니다. 잠시 엄마 곁에서 눈물을 흘리다가도 금세 안정을 찾고 친구와 놀이 속으로 다시 뛰어드는 것이지요.

그렇다면 부모는 어떻게 아이와 건강한 애착을 맺을 수 있을까요? 특별한 교육이나 거창한 이벤트가 필요하지 않습니다. 오히려 매일의 일상 속 작은 순간들이 애착을 키웁니다. 아이의 눈을 바라보며 반응해 주기, 울 때 안아주며 "엄마가 네 마음 알아"라고 공감하기, 일정한 생활 리듬을 지켜주기, 따뜻한 스킨십과 포옹, 온전히 집중해서 함께 놀아주는 시간이 그것입니다.

여기서 중요한 것은 '온전히'입니다. 아무리 함께 있어도 핸드폰을 들여다보거나 TV에 시선을 빼앗긴다면 아이는 부모와 연결되어 있다는 느낌을 받지 못합니다. 단 10분 만이라도 좋습니다. 핸드폰을 내려놓고, TV를 끄고 아이와 눈을 맞추며 함께 놀아보세요. 그 짧은 순간 동안 아이는 '엄마·아빠는 나와 함께하고 있어'라는 깊은 확신을 얻습니다. 부모의 집중은 단순한 놀이 시간을 넘어, 아이의 마음속에 평생의 안정과 자신감을 심어주는 애착의 시간이 됩니다.

또 하나 중요한 사실은, 애착은 세대를 건너 대물림된다는 점입니다. 부모가 어린 시절 안정된 애착을 경험했다면 그 따뜻함은 자연스럽게 아이에게 이어집니다. 하지만 불안정한 애착을 경험했다면 각별히 유의해야 합니다. 만약 부모가 의식적으로 새로운 방식을 선택한다면 아이와의 관계 속에서 건강한 애착을 다시 쌓아갈 수 있습니다. 내가 받지 못했던 공감과 돌봄을 내 아이에게 주려는 노력이 바로 사랑의 역사를 새롭게 쓰는 시작이 되는 것이지요.

아이의 울음 속에는 세상을 향한 믿음이 자라고 있습니다. 부모의 품에서 시작된 이 믿음이 아이가 앞으로 자라날 모든 순간을 지탱해 줄 가장 든든한 힘, 바로 애착입니다. 그래서 우리는 아이가 자라는 길 위에서 무엇보다 먼저 이 애착의 뿌리를 함께 돌봐야 합니다.

아이 마음이 보내는 작은 SOS

세 살 아이의 애착이 평생을 지탱한다는 사실을 떠올리면 어린이집에서 만난 민준이가 자연스레 생각납니다. 앞서 이야기한 것처럼, 세 살의 안정적인 애착은 아이의 마음에 평생의 안전망을 만들어줍니다. 민준이의 사례를 통해 그 안전망이 어떻게 만들어지고, 때로는 흔들리는지를 함께 살펴보겠습니다.

민준이는 친구를 밀치거나 갑자기 울음을 터뜨리기도 하고, 때로는 혼자 구석에 앉아 있곤 했습니다. 처음에는 "왜 그럴까?"라는 걱정이 먼저 떠올랐습니다. 집에서 무슨 일이 있는 걸까, 사회성이 부족한 걸까 하고 마음이 오락가락했습니다.

하지만 자세히 지켜보니 민준이의 행동은 단순한 문제 행동이 아니었습니다. 민준이 부모님은 맞벌이 부부입니다. 안타깝게도 민준이를 돌봐주는 사람이 자주 바뀌다 보니, 민준이 마음속에는 작은 SOS가 숨어 있었습니다. 아이들은 말로 마음을 다 표현하기 어렵습니다. 그래서 몸짓과 행동으로 마음속 혼란과 불안을 알리는 것이지요.

밀치거나 울고, 때로는 떼쓰는 행동 뒤에는 "나를 이해해 주세요"라는 간절한 마음이 숨어 있습니다. 아이 마음의 기반이 되는 것은 바로 애착입니다. 누군가에게서 안정감을 느낄 수 있을 때 아이는 세상을 조금 더 용기 있게 탐험하고, 새로운 경험을 받아들일 수 있습니다.

돌봄이 일관되지 않거나 부모 반응이 불안정하면, 아이 마음도 흔들립니다. 이를 불안정 애착이라고 합니다. 불안정 애착은 크게 세 가지로 나눌 수 있습니다.

첫째, 회피형은 겉으로는 "나는 혼자도 괜찮아"라는 태도를 보이지만, 속으로는 버려질지도 모른다는 불안을 품고 있습니다. 둘째, 양가형은 부모에게 달라붙었다가도 금세 밀쳐내며, 사랑받고 있는지 혼란스러워합니다. 셋째, 혼란형은 부모에게 다가가고 싶지만 두려움이 커 울음이나 분노, 공격적인 행동으로 감정을 표현합니다.

민준이 엄마도 처음엔 깊이 걱정했습니다. 하지만 조금씩 아이 마음을 읽어주며, 행동 뒤에 숨은 마음을 이해하기 시작했습니다. "왜 그랬니?" 대신 "어떤 마음이었니?"라고 물어보고, "속상했구나", "힘들었구나"라고 공감했습니다. 반복적이고 일관된 관심과 사랑도 함께 보여주었지요.

그 결과 민준이는 "엄마는 항상 나를 지켜준다"는 믿음을 조금씩 쌓았습니다. 친구와 어울리거나 감정을 터뜨릴 때도, 엄마와의 안정적인 관계 안에서 마음의 평안을 느끼는 모습이 보였습니다.

불안정 애착은 결코 고치기 어려운 상처가 아닙니다. 부모와 아이가 함께 마음을 열고 소통하면 충분히 안정 애착으로 회복될 수 있습니다. 아이의 행동은 마음의 언어입니다. 그 언어를 읽고 이해와 사랑으로 반응할 때, 작은 SOS도 차츰 치유됩니다.

맞벌이 부모로서 바쁜 일상 속에서도, 서툴더라도 진심을 다해 아이의 신호에 귀 기울이는 순간이 아이에게 가장 큰 안심과 위로가 됩니다.

아이 마음의 첫걸음, 기질에서 시작하는 양육

1세 신입생 희원이는 낯가림이 심했습니다. 학기 초 며칠 동안은 눈물로 시작했지요. 담임선생님이 곁에 있어도 잠시 떨어지면 금세 울고, 다른 반 교사가 다가가면 거부했습니다. 내가 안아주려 해도 마찬가지였지요. 어린이집 활동실이나 교실에서 작은 행사라도 있을 때는 들어가기를 거부하며 울곤 했습니다.

하지만 몇 달이 지난 지금, 희원이는 조금씩 상황을 극복해서 나에게 손을 흔들며 인사하고, 다른 선생님들에게도 먼저 인사를 하고, 모든 활동에도 즐겁게 참여합니다. 기질을 존중하고 충분히 기다려주었을 때, 아이는 스스로 세상과의 거리를 좁혀나갈 수 있다는 것을 보여준 사례입니다.

아이 마음을 이해하는 일은 양육에서 가장 중요한 첫걸음입니다. 그 첫걸음은 생각보다 간단합니다. 바로 아이의 고유한 기질을 이해하는 것에서 시작됩니다. 아이마다 세상과 만나는 방식과 반응하는 패턴이 모두 다릅니다. 어떤 아이는 낯선 환경에도 금세 적응하고, 어떤 아이는 처음 보는 사람이나 낯선 장소 앞에서 망설이며 눈물을 흘리기도 하지요. 이러한 차이를 이해하고 존중할 때, 부모는 아이를 바라보는 눈빛을 바꾸고, 양육의 길도 한결 편안해집니다.

옛말에 "지피지기면 백전불태"라는 말이 있습니다. 적을 알고 나를 알면 백 번 싸워도 위태롭지 않다는 뜻이지요. 양육에서도 이 지혜는 그대로 적용됩니다. 아이의 발달과 기질을 이해하고 부모 자신은 어떤 성향을 가지고 있는지를 아는 것, 바로 여기서부터 지혜로운 양육이 시작됩니다.

아이들의 저마다 고유한 기질은 옳고 그름의 문제가 아니라 단순한 '다름'일 뿐입니다. 아이의 기질은 세상을 만날 때 나타나는 타고난 정서 반응 성향, 쉽게 말해 아이가 세상에 반응하는 기본 틀입니다. 성격은 그 틀 위에 부모의 양육, 경험, 환경이 더해져 만들어집니다. 같은 기질을 가진 아이도 자라는 환경과 양육 방식에 따라 전혀 다른 모습으로 성장할 수 있습니다. 이러한 아이의 기질은 크게 네 가지로 나눌 수 있습니다.

먼저, 순한 기질은 새로운 환경에도 쉽게 적응하고 순응적입니다. 선택권과 자율성을 주고, 작은 성취를 칭찬해 자신감을 길러주세요. 예를 들어, 장난감을 스스로 고르고 정리하게 하는 것입니다.

까다로운 기질은 변화에 민감하고 새로운 상황을 경계합니다. 충분한 예고와 준비 시간을 주고, 활동을 단계별로 안내하면 아이가 편안하게 적응할 수 있습니다.

한편, 느린(두려워하는) 기질은 반응이 조심스럽고 신중합니다. 천천히 시도할 기회를 주고, 작은 성공을 칭찬하며 안전하게 돌아올 수 있는 환경을 마련해 주세요.

끝으로, 혼합형 기질은 여러 기질이 섞여 있어 발달 과정에서 점차 안정됩니다. 다양한 경험을 제공하고, 그 안에서 긍정적인 경험을 쌓아가는 것이 중요합니다.

음식 재료에 비유하면, 기질은 쌀이나 밀가루 같은 '재료', 성격은 그것으로 만든 밥, 빵, 떡 같은 '요리'입니다. 같은 재료라도 어떻게 다루느냐에 따라 결과물이 달라지듯이 부모가 기질을 이해하고 존중하는 태도는 아이의 성격 발달에 큰 힘이 됩니다.

부부도 배우자와 성격 차이로 갈등을 겪는 것처럼, 아이와도 기질이 달라 부딪힐 수 있습니다. 중요한 것은 아이를 바꾸려 하기보다 아이의 기질을 이해하고 존중하며 필요한 부분을 긍정적으로 발달하도록 돕는 것입니다. 사람은 쉽게 변하지 않지만, 아이뿐만 아니라 부모도 경험과 성찰을 통해 성장할 수 있습니다. 관계에서 중요한 것은 서로를 알아가고, 인정하고, 수용하며, 존중하는 것입니다.

아이의 기질을 이해하는 순간 우리는 아이의 마음을 읽고, 아이가 자기 자신을 사랑하며 행복을 느끼도록 돕는 힘을 얻게 됩니다. 양육은 싸움이 아니라, 서로를 배우며 함께 성장하는 길입니다. 아이의 기질을 이해하는 순간 양육은 힘겨운 전쟁이 아니라 서로를 키워가는 따뜻한 여정이 됩니다.

친구와 함께 크는 마음, 나와 너 배우기

놀이터에서 소담이는 그네를 타고 있었습니다. 다른 친구의 차례가 되었는데도 멈추지 않고 두 손으로 그네를 꼭 붙잡으며 울음을 터뜨렸죠.

"싫어요! 안 내려가요!"

선생님은 잠시 숨을 고른 후, 소담이의 눈을 바라보며 말했습니다.

"소담아, 그네가 정말 재미있어서 계속 타고 싶구나. 그런데 다른 친구들도 기다리고 있어. 약속한 대로 10번만 타고 내려오자."

소담이는 눈물을 글썽였지만 잠시 후, 눈물을 멈추며 그네에서 내려 다음 친구에게 양보했습니다. 만약 단호하게 "이제 내려와!"라고 했다면, 소담이는 감정을 억누른 채 불편함만 남았을 겁니다. 하지만 그 순간 소담이는 자신의 마음이 안전하게 받아들여졌다는 신뢰와 안심을 느끼며, 조금씩 스스로 조절하는 법을 배우고 있었습니다.

아이의 울음과 다툼, 자기주장은 단순한 '문제 행동'이 아닙니다. 오히려 '나'와 '너'를 배우는 시간, 그리고 자기 조절력을 쌓는 소중한 경험이죠.

0~1세 영아는 친구와 직접 노는 법을 배우지는 못하지만, 옆 아기의 움직임과 울음에 반응하며 혼자가 아님을 느낍니다. 1~2세가 되면 장난감을 쥐고 놀이를 하면서도, 옆에 친구가 있다는 사실만으로 즐거움을 느끼고, "나 혼자가 아니라 누군가와 함께 있다"는 감각을 조금씩 익히지요.

그리고 3세 전후가 되면 서로의 행동을 관찰하며 연합놀이를 시작합니다. 블록을 들고 이야기를 나누지만, 아직 역할이나 목표를 완전히 공유하지는 못합니다. 이때 아이는 "내가 원하는 것"과 "친구가 원하는 것"의 차이를 조금씩 깨닫고, 양보와 협력의 첫 경험을 하게 됩니다.

4~5세가 되면 놀이는 협동놀이로 발전합니다. 블록을 함께 쌓고, 역할놀이에서 엄마와 아빠 역할을 나누며, 공을 주고받습니다. 웃다가 다투기도 하고, "내 거야!", "나 먼저!"라고 외치기도 하지요. 부모 입장에서는 불편하게 느껴질 수 있지만, 바로 이 순간이 아이가 사회성을 배우는 가장 중요한 기회입니다. 부모가 갈등을 서둘러 없애면, 아이는 스스로 문제를 해결할 기회를 얻지 못합니다. 잠시 기다리면서 아이가 스스로 방법을 찾도록 지켜보는 것이 훨씬 큰 배움으로 이어집니다.

이제 활발하고 자기주장이 강한 은솔이를 떠올려 보죠. 은솔이는 역할놀이든, 쌓기놀이든 모든 놀이에서 본인이 선생님이나 주인공 역할을 맡겠다고 고집해요. 다른 친구들에게는 일방적으로 지시를 하려고 합니다. 친구들은 따라오기도 하지만, 점점 불만이 쌓이고 결국 일부 친구들은 은솔이와 놀기를 피하게 되기도 합니다. 은솔이 부모님은 딸이 주도적인 성향을 가진 것에 대해 걱정하지 않지만, 다른 친구들의 부모님들은 불만을 느끼기 시작합니다.

이때 단순히 "은솔아, 친구랑 사이좋게 놀아야지!"라고 막연한 말을 하기보다, 친구들의 의견을 먼저 존중하고 함께 놀이를 조율하도록 안내하는 것이 중요합니다. 예를 들어, 선생님이 "은솔아, 네가 하고 싶은 역할도 중요하지만, 친구들도 하고 싶은 역할이 있어. 친구들의 생각을 먼저 들어보고, 같이 정해보자"라고 말해준다면, 은솔이는 친구를 배려하며 관계를 유지하는 경험을 하게 되고, 친구들은 자신이 존중받는다고 느끼며 놀이를 즐길 수 있습니다. 이런 작은 경험이 반복되며, 은솔이는 친구와의 관계를 소중히 여기면서도 자기 의견을 표현하는 방법을 배우게 됩니다. 중요한 것은 리더십을 발휘하는 것보다, 친구를 배려하고 함께 어울리는 힘을 익히는 일입니다.

어린이집 부모님들 중에는 가끔 "우리 아이가 2살 때부터 5살까지 같은 어린이집, 같은 친구들하고만 오래도록 같이 지내도 괜찮을까요?"라고 묻기도 합니다. 걱정하실 필요 없습니다. 오히려 안정적 관계 속에서 반복적으로 놀이와 상호작용을 경험하는 것이 아이에게 더 유익합니다. 아이들은 같은 친구들과 여러 차례 양보하고 협력하며, 사회적 기술과 자기 조절력을 체득합니다. 제한된 환경에서만 배운다고 생각할 수도 있지만, 아이들은 같은 친구와 다양한 역할과 상황을 경험하면서 창의력과 관계 능력을 충분히 확장할 수 있습니다. 낯선 환경에서 새로운 경험을 제공하는 것이 더 좋다고만 볼 수 없습니다.

친구와의 다툼, 울음, 자기주장은 아이에게 사회성을 배우는 연습이 됩니다. 부모가 그 과정을 지켜보며 부드럽게 손을 내밀고 공감하며 안내해 주는 것이 효과적입니다. 그것이 아이가 친구와 관계를 즐기고 자기 조절력을 한 걸음씩 쌓아가는 데 있어 큰 힘이 됩니다.

옆집 아이와 함께 배우는 마음

아이들은 자랍니다. 햇살을 맞으며 뛰놀고, 바람을 느끼며 웃고, 작은 손으로 세상을 탐험하며 하루하루 조금씩 자라납니다. 그 속에서 아이가 배우는 가장 큰 힘 중 하나는 바로 '함께 자라는 힘' 입니다.

어릴 때 아이는 부모와 주변 사람을 통해 세상을 배웁니다. 가장 먼저 배우는 것은 자기 존중과 타인 존중입니다. "나는 소중하다"라는 마음과, "너도 소중하다"라는 믿음이 쌓일 때, 아이의 마음은 단단하고 따뜻하게 자랍니다. 하지만 이 배움이 부족하면, 아이는 세상과 관계 맺는 데 어려움을 겪을 수 있습니다. 그때 부모가 보여주는 사랑과 지지가 아이에게는 길잡이가 됩니다.

내가 학교 폭력대책자치위원회에서 활동하던 시절이 있었습니다. 학교라는 공간은 밝고 자유로워 보이지만, 실제로는 언어폭력과 따돌림, 신체적 폭력이 끊임없이 존재했습니다.

가까운 지인의 딸인 중학생 유빈이의 이야기가 지금도 생생합니다. 누군가의 험담을 했다는 오해로 유빈이는 또래들에게 욕설과 밀침, 심지어 침 뱉기까지 당했습니다. 믿어주던 친구들조차 "우리도 괴롭힘을 당할까 봐…"라며 선뜻 나서지 못했지요.

담임선생님은 혼자 해결하기 어렵다고 판단하고 위원회를 소집했습니다. 가해 학생들은 히죽히죽 웃기만 했고, 일부 부모는 회의에조차 참석하지 않았습니다.

유빈이는 점점 두려움 속에 학교에 가기조차 힘들어했습니다. 다행히 부모님의 따뜻한 지지와 사랑 덕분에 조금씩 용기를 되찾고 무사히 졸업할 수 있었습니다.

그 일을 떠올리며 어린이집 놀이터에서 천진난만하게 뛰노는 아이들을 바라보고 있노라니 문득 이런 생각이 스쳤습니다.

"이렇게 사랑스러운 아이들이 자라서 왜 서로에게 상처를 주게 될까?"

고민 끝에 얻은 답은 단순했습니다. 아이와 부모의 관계였습니다. 어릴 때부터 '나도 소중하고, 다른 사람도 소중하다'는 감정을 충분히 느끼고 배우지 못하면 자신을 사랑하지도, 타인을 존중하지도 못한 채 자라게 됩니다.

유아기에 가정과 어린이집에서 우리가 놓치지 말아야 할 가치는 분명합니다. 함께 자라는 힘, 다름을 존중하는 마음, 내 아이뿐 아니라 옆집 아이도 소중하다는 믿음이 그것입니다. 이 가치는 거창한 교육이나 특별한 훈련이 아닙니다. 아주 작은 순간에서 시작됩니다. 하루 5분이라도 아이에게 "오늘 누구에게 고마웠어?"라고 물어보고, 친구와 다투었다면 "너와 친구는 다르게 느낄 수도 있어"라고 함께 생각해보는 것입니다.

부모가 주변 사람을 존중하고 배려하는 모습을 보여주는 것이 바로 그 첫걸음입니다. 아이가 친구에게 먼저 다가가거나 도움을 주는 작은 용기를 보일 때, 그 순간을 함께 기뻐해 주세요. 그 작은 경험들이 쌓이면, 아이는 자연스럽게 '함께 자라는 힘'을 배우게 됩니다.

결국, 내 아이가 잘 자라는 길은 옆집 아이와 함께 잘 자라는 법을 배우는 것에서 시작됩니다. 그 힘이 훗날 친구 관계, 학교생활, 그리고 더 넓은 세상 속에서도 아이를 든든히 지켜주는 힘이 될 것입니다.

모두가 서로를 존중하는 세상, 그 속에서 우리 아이들이 용기 있게 자라나기를 진심으로 바랍니다.

아이가 친구를 물 때, 마음을 읽어주는 시선

3월 신학기가 시작된 지 얼마 되지 않은 어느 날이었습니다. 신입생 26개월 승하가 같은 반 친구 지호의 팔을 깨물었습니다. 소매를 걷어 올리자 선명한 치아 자국이 남아 있었습니다. 담임선생님은 지호의 팔을 살살 문질러주며 연고를 발라주셨고, 승하에게는 단호하게 "친구 물면 안 돼요!"라고 말씀하셨습니다. 학기 초라 부모님이 걱정하실 것을 미리 염려한 마음이 컸습니다. 지호 어머님께 상황을 말씀드리며 죄송한 마음을 전했습니다. 다행히 지호 어머니는 "괜찮아요, 금방 나아요"라고 넓은 마음으로 이해해 주셨답니다.

하지만 며칠 뒤, 승하는 또 다른 친구의 등을 깨물었습니다. 담임선생님은 부모님께 또다시 사실을 전했고, 승하 부모님은 상대 아이 부모님께 사과를 반복하셨습니다. 심지어 형, 누나들과 놀 때조차 승하는 상대를 깨물곤 했습니다. 선생님들은 한순간도 승하에게서 눈을 떼지 못했습니다.

어느 날, 담임선생님의 다급한 목소리가 들렸습니다.

"원장님, 승하가 정우를 또 물었어요."

그 날도 담임선생님은 정우 어머님께 사과하고, 승하 어머님께도 상황을 말씀드렸습니다. 승하 어머님은 펑펑 울며 말씀하셨습니다.

"어떻게 해야 할지 모르겠어요. 아이 키우면서 안 다치면 그만인 줄 알았는데, 이렇게 힘든지 몰랐어요."

담임선생님은 차분히 설명하셨습니다. 승하가 무는 것은 단순히 장난이나 욕심 때문이 아니라, 자신의 것을 지키거나 친구의 것을 갖고 싶을 때 나타나는 행동이라는 것을. 그리고 말로 표현하는 방법을 반복적으로 알려주고 있다고 말씀하시며, 승하가 점차 친구와 잘 놀이할 수 있도록 부모님과 선생님이 함께 일관성 있는 훈육을 이어가는 과정이 필요하다는 말씀을 덧붙이셨습니다. 그 후 승하는 한동안 친구를 깨물지 않고 잘 지냈습니다.

그러던 어느 날 아침, 승하는 등원하면서부터 심하게 울었습니다. 부모님이 승하가 좋아하는 영상을 일방적으로 끊고 어린이집에 데려왔기 때문입니다. 이전에도 이런 날은 승하가 유난히 울고 화를 내며 친구를 깨무는 일이 있었습니다.

아직 어린 승하는 집에서 오빠가 되었습니다, 어쩔 수 없이 승하는 부모님의 사랑과 관심을 동생들과 나누어야 하는 입장이 되었지요. 안타까운 마음을 느낀 담임선생님께서는 특별히 승하에게 많은 관심과 사랑을 적극적으로 표현해주셨습니다. 승하 또한 담임선생님으로부터 받는 큰 관심과 따뜻한 사랑을 느끼며, 선생님을 주말에도 보고 싶어 하는 마음이 들 정도가 되었습니다. 아직 서툰 감정을 무는 행동으로 표현하는 것이 조금씩 말로 표현할 수 있게 되었습니다.

영아가 무는 행동을 하는 데는 여러 이유가 있습니다. 잇몸이 가려워서, 공포나 좌절감을 말로 표현하지 못해서, 흥분하거나 주목받고 싶어서, 자신을 지키기 위해서, 혹은 가정 내 중요한 변화로 마음이 불편할 때도 나타납니다. 말이 서툴러 자신의 감정을 제대로 표현하지 못할 때 오감을 통해 세상을 탐색하며 호기심으로 깨물기도 합니다.

아이의 무는 행동은 상대 아이에게 상처를 남기지만, 올바른 훈육으로 충분히 교정할 수 있습니다. 아이의 눈을 보고 "엄마 아파! 물면 안 돼!"라고 단호하게 말해주고, 잇몸이 가려울 때는 치발기나 장난감으로 대신하게 하며, 화나 속상함을 말로 표현하도록 도와줍니다. 무엇보다 부모와 교사, 가족 모두가 일관성 있게 지도해야 아이가 혼란스럽지 않습니다.

절대 '눈에는 눈, 이에는 이' 식으로 응징하거나 화를 내서는 안 됩니다. 폭력을 감정 표현의 수단으로 배우게 될 수 있기 때문입니다. 화를 내거나 벌을 주는 대신, 차분하고 교육적인 방식으로 아이가 깨물지 않고도 자신의 마음을 표현할 수 있다는 것을 알려주는 것이 중요합니다.

승하의 사례처럼, 아이가 친구를 깨물 때는 단순히 나쁜 행동으로만 보지 말고, 그 안에 담긴 마음과 상황을 읽어주는 시선이 필요합니다. 부모와 교사가 함께 마음을 읽고 차분하게 감정을 안내하며 행동을 가르칠 때, 아이는 점차 친구와 안전하게 어울릴 수 있게 됩니다.

무대 위의 눈물, 마음 속의 용기

　발표회 날 아침, 어린이집은 잔칫집처럼 북적였습니다. 복도에는 반짝이는 의상을 입은 아이들의 웃음소리가 퍼졌고, 교실 안팎으로는 마지막 리허설을 준비하는 선생님들의 발걸음이 바쁘게 오갔습니다.

　그날, 저는 유독 한 아이에게 시선이 머물렀습니다. 곱게 머리를 땋고 반짝이는 의상을 입은 희진이였습니다. 작은 입술을 달싹이며 조용히 대사를 되뇌는 모습은 누구보다 진지했고, 며칠 전 나에게 집에서 엄마와 연습을 많이 했다는 이야기를 들려주며 기대와 설렘을 전해주었습니다.

　희진이의 눈빛에는 아빠 엄마 앞에서 꼭 잘하고 싶다는 간절함이 가득했습니다. 하지만 막상 무대 위 조명이 켜지자, 희진이의 얼굴은 굳었고, 작은 어깨가 떨리며 눈물이 맺혔습니다. 떨리는 목소리로 첫마디를 겨우 뱉고, 율동은 자꾸 늦었지만, 희진이는 울컥이는 마음을 꾹 누르며 끝까지 무대를 버텼습니다. 그 얼굴에는 말 그대로 용기를 다 쏟아낸 흔적이 남아 있었습니다.

무대가 끝나자, 희진이 어머니는 누구보다 먼저 자리에서 일어나 무대로 다가가셨습니다. 말없이 아이를 꼭 안아주며, "우리 희진이, 너무 떨렸지? 그럴 수 있어. 그래도 끝까지 해냈잖아. 엄마는 그게 제일 자랑스러워"라고 말씀하셨지요. 그 한마디는 희진이 마음 깊이 스며들었고, 저 역시 가슴이 뭉클해졌습니다. 그날, 희진이는 무대 위에서 또 한 뼘 자랐고, 희진이 어머니는 부모로서 가장 아름다운 무대를 선사하셨습니다.

아이들은 낯선 무대 위에서 긴장할 수 있고, 연습한 만큼 보여주지 못할 수도 있습니다. 하지만 중요한 것은 부모의 시선입니다. 실수를 실패로 받아들일 수도 있지만, 그 순간에도 지지받는 경험은 아이의 자존감을 키우는 밑거름이 됩니다. 결과보다 '마음을 다한 과정'을 먼저 알아봐 주는 것, "울었지만 끝까지 했구나", "무서워도 도전했구나"와 같은 말 한마디가 아이의 다음 도전을 가능하게 만드는 씨앗이 됩니다.

희진이는 울면서도 무대에서 내려오지 않았습니다. 엄마 앞에서 잘하고 싶은 간절함과, 어떻게든 해보려는 작지만 단단한 의지가 담겨 있었지요. 발표회 날 무대는 누가 실수를 덜 했는지, 누가 더 정확히 외웠는지를 평가하는 자리가 아닙니다. 그보다는 아이의 용기를 확인하고, 부모가 그 용기를 얼마나 따뜻하게 감싸주는지를 보여주는 시간입니다.

희진이의 눈물은 실패가 아니었습니다. 작은 어깨로 긴장을 견뎌낸 용기였고, 그 용기를 가만히 감싸 안은 엄마의 품은 세상에서 가장 안전한 무대였습니다. 아이들은 떨리면서도 한 발 내딛고, 울면서도 끝까지 해보는 순간들을 통해 자랍니다. 우리는 그 곁에서 이렇게 다정히 말해줄 수 있어야 합니다.

"괜찮아. 울어도 돼. 그 용기만으로도 충분히 잘한 거야."

기다림 속에서 자라는 마음

책장에서 오래 전 읽었던 『마시멜로 이야기』를 다시 꺼내 들었습니다. 세 살, 네 살 아이들 앞에 마시멜로 하나를 두고, "5분만 참으면 하나를 더 준다"는 실험 이야기였지요. 아이들은 혼자 남겨진 방에서 기다림과의 싸움을 시작합니다.

이 실험을 수십 년 뒤까지 추적한 결과가 매우 흥미롭습니다. 기다림을 선택했던 아이들은 훗날 학업 성취나 사회적 적응, 대인관계에서 더 안정적인 모습을 보이는 경우가 많았습니다. 반면에 눈앞의 만족을 택했던 아이들은 당장의 달콤함은 얻었지만, 장기적으로 자기 조절력이나 인내심에서 다소 약한 모습을 보이곤 했지요. 짧은 순간의 선택이지만, 그 경험이 아이 인생 전체의 방향에도 차이를 만든 셈입니다.

한 아이는 이렇게 말했습니다.

"입안에 침이 고일 정도로 먹고 싶었어요. 그런데 약속을 지키고 싶었죠."

작은 유혹을 이겨낸 그 순간 아이는 마시멜로 하나를 더 받는 기쁨만이 아니라 스스로 마음을 다스릴 수 있다는 성취감을 얻었습니다. 그 경험은 훗날 삶의 여러 고비마다 흔들리지 않는 힘으로 이어졌습니다.

나는 이 이야기를 읽을 때마다 나 자신을 돌아보게 됩니다. 눈앞의 치킨 냄새에 다이어트 결심이 흔들리고, 시간을 아껴 써야지 다짐하면서도 어느새 스마트폰 속 짧은 영상에 빠져들기도 하니까요. 어린아이가 마시멜로 하나를 참는다는 것, 그 자체가 얼마나 대단한 일인지 새삼 깨닫습니다.

어린이집 2세반 지율이는 말도 또렷하고 인사도 잘 하는 밝은 아이입니다. 하지만 뜻대로 되지 않을 때면 "지금! 지금!"을 외치며 울곤 하지요. 교사가 차분히 말합니다.

"지율아, 지금 너무 하고 싶구나. 그런데 친구가 먼저 기다리고 있어. 네 차례가 곧 올 거야."

며칠이 지나고 몇 주가 흐르는 동안 지율이는 조금씩 달라집니다. 울며 떼쓰던 모습 대신 기다림을 받아들이는 얼굴이 보이기 시작합니다. 자기 조절력은 이렇게 매일의 일상 속에서 조용히 자라납니다.

기억에 남는 봄날도 있습니다. 입학 후 한 달 정도 지나 2세반 아이들이 딸기 체험을 가던 날이었지요. 작은 손을 꼭 잡고 친구들과 줄을 서서 버스에 오르는 아이들, 선생님 말씀을 떠올리며 조심스레 딸기를 따는 모습을 보고 있자니 불과 한 달 전만 해도 울며 매달리던 아이들이 이제는 "기다릴 수 있어요"라고 몸으로 말하는 듯했습니다.

3세반 아이들은 한층 더 의젓합니다. 햇살반이 숲 체험을 떠난 날에 수진이 어머님은 도우미로 함께 했습니다. 그런데 수진이가 친구들과 손을 잡고 줄을 서서 숲길을 걷는 모습을 보고는 조용히 감동을 느끼셨습니다. 작은 몸으로도 마음을 다스릴 줄 아는 아이의 모습은 아이를 한 뼘 더 자라게 한 순간임을 보여주었지요. 어쩌면 그 경험이 훗날 살아가며 마주할 수많은 유혹과 어려움을 이겨낼 힘의 씨앗이 될 수 있으리라 믿어요.

부모님께 꼭 말씀드리고 싶습니다. 조금 기다려주세요. 아이가 익히는 데 시간이 필요할 뿐입니다. 기다림은 단순히 '참는 법'을 배우는 것이 아닙니다. 자신의 욕구를 다스리는 힘, 차례를 지키는 사회적 규칙, 그리고 그 과정을 견디고 나서 맛보는 성취감을 함께 배우는 과정입니다.

그 방법은 어렵지 않습니다. 아이가 무언가를 요구할 때, 바로 반응하기보다는 이유를 설명하며 잠시 기다릴 수 있는 시간을 만들어주세요. 예를 들어, 생일축하 케이크 촛불 불기를 재촉하는 아이에게 "지금 하고 싶구나. 하지만 조금만 참고 기다리자. 아빠 오시면 함께하자. 아빠도 생일 축하를 해주고 싶으시니까. 더 재미있게 할 수 있어"라고 마음을 먼저 공감하며 말해주면, 기다림을 억압이 아니라 함께 견디는 경험으로 받아들입니다. 그 사이에 간단한 놀이를 하거나 다른 활동을 곁들이면 지루하지 않게 연습할 수 있습니다.

또는 식사 전에 과자를 찾는 아이에게 "밥 먹고 나서 하나 먹자"라고 안내하며 부모가 스스로 기다리는 모습을 보여줄 때, 아이는 그 모습에서 신뢰와 배움을 얻습니다.

짧은 기다림이 쌓일수록, 아이는 즉각적인 만족보다 더 깊은 성취와 보람을 맛보게 됩니다. 2세 아이가 떼쓰며 "지금!"을 외칠 때 차분히 "끝나고 하자"라고 반복하면, 말의 이해력과 규칙 그리고 수용력이 자랍니다. 3세 아이가 줄 서서 차례를 기다릴 때 교사와 함께 반복 경험을 하면 사회성 그리고 자기 조절력이 단단해집니다.

아이의 작은 몸으로 기다림을 견디려 애쓰는 모습을 볼 때, 제 마음은 늘 울림으로 가득 찹니다. 아이에게 기다림을 가르치며, 오히려 저 자신이 기다림의 의미를 배웠습니다. 마시멜로 실험이 알려준 것처럼 "기다림을 배운 아이는 삶을 더 깊이 누릴 수 있습니다."

물고기를 주는 사랑, 잡는 법을 가르치는 사랑

대학생 아들의 성적 문제를 두고 부모가 대신 나섰다는 이야기를 들었습니다. "우리 아이는 이런 성적을 받을 아이가 아닙니다." 성인이 된 자녀 대신 부모가 직접 항의했다는 소식에 많은 사람이 놀랐지만, 어린이집에서 아이들을 지켜본 내게는 익숙한 풍경이었습니다. 유아기부터 부모가 조심스레 아이의 세계에 발을 들이는 모습을 수없이 보아왔기 때문이지요. 사랑에서 비롯된 행동이지만, 그 속에는 아이가 스스로 문제를 해결하고 배우는 기회를 막는 그림자가 드리워져 있었습니다.

SNS에서 본 또 다른 이야기가 생각납니다. 군대에 가는 아들의 가방을 정성껏 챙기는 한 엄마 이야기였습니다. 나라사랑카드, 상비약, 생활용품, 작은 수첩과 라이트펜까지 목록은 종이 한 장 가득 빼곡했습니다. 마지막에는 '제가 준비한 리스트는 참고만 하세요'라는 문장이 덧붙여 있었지요. 엄마의 깊은 걱정과 애틋한 사랑이 느껴졌습니다. 하지만 마음 깊은 곳에서는 작은 한숨이 스며드는 것도 느껴졌습니다. 마치 성인을 어린아이처럼 챙기는 모습이 과연 아이의 성장에 도움이 될까 하는 생각 때문입니다. 부모의 사랑이 지나치게 보호적일 때, 아이는 스스로 적응하고 문제를 해결하는 힘을 기르기 어렵습니다.

어린이집에서도 비슷한 장면은 자주 있습니다. 5살 쌍둥이 자매가 친구와의 갈등 끝에 어린이집을 그만둔 일이 있었습니다. 아이들은 서로 좋아하면서도 다투고, 서운한 말을 주고받습니다. 그런데 부모가 대신 나서 상대 아이에게 사과를 요구하거나 "다시는 놀지 말라"고 말하면, 아이들은 놀이 속에서 부딪히고 조율하며 배우는 소중한 경험을 잃습니다.

이럴 때 나는 늘 한 가지 비유를 떠올립니다. 단순히 물고기로 한 끼를 챙겨주는 부모와, 물고기 잡는 법과 요리 레시피를 전해주는 부모의 차이입니다. 전자의 경우, 아이는 당장은 편하고 배부르지만 스스로 준비하고 문제를 해결하는 힘은 길러지지 않습니다. 후자의 경우, 처음에는 서툴고 실패할 수도 있지만, 그 과정에서 아이는 스스로 해낼 수 있는 힘과 자신감을 하나씩 쌓아갑니다. 아이가 스스로 길을 찾고 문제를 헤쳐 나갈 수 있는 힘은 후자의 사랑에서 비롯됩니다.

자녀에게 필요한 것은 완벽한 보호가 아닙니다. 조금 불편하고 서툴러도 스스로 해낼 수 있도록 믿어주는 것이 진정한 사랑입니다. 군대 준비물 하나까지 일일이 챙기기보다, 아이가 스스로 적응하고 살아갈 수 있도록 마음으로 응원하는 것이 훨씬 큰 힘이 되지 않을까요?

진짜 건강한 사랑은 끝까지 붙잡는 것이 아니라, 때로는 놓아주는 데서 시작됩니다. 아이가 선택하고 책임지며, 넘어지고 실패할 수 있는 순간을 지켜보는 일은 쉽지 않습니다. 마음 한구석에서는 여전히 걱정이 일고, 한숨이 스며들기도 합니다. 하지만 그 순간에도 부모는 한발 물러서서 조용히 응원해야 합니다.

그런 기다림이 쌓여야 아이가 처음 잡은 물고기를 스스로 요리하고, 자신만의 방법으로 문제를 해결하며 웃음 짓는 모습을 보게 됩니다. 그때 부모의 모든 불안과 걱정은, 아이에게 건네준 힘과 자신감으로 돌아옵니다. 작은 성공과 실패 속에서 아이는 자기만의 길을 배우고, 세상을 살아가는 힘을 쌓아갑니다.

지켜보며 기다리는 동안, 부모는 비로소 깨닫습니다. 끝까지 붙잡지 않아도, 지나친 보호 없이 믿어주기만 해도 아이는 단단하게 자란다는 것을. 그것이 바로 내 아이를 더 건강하고, 자유롭고, 행복하게 성장하게 하는 길입니다.

작은 발걸음, 커진 마음

 어린이집 수료식 날입니다. 1세에서 4세까지의 아이들이 한 해 동안 함께 보낸 시간을 돌아보고, 즐겁게 성장한 자신을 축하하는 날이지요. 3월이 되면 새로운 선생님과 친구들을 만나 또 다른 교실에서 생활하게 되기에, 오늘 수료식은 한 해를 기억하는 소중한 마지막 장면이 됩니다.
 교실은 선생님들의 정성으로 예쁘게 꾸며졌습니다. 맛있고 보기 좋은 과자와 요구르트, 화사한 테이블보와 꽃들이 아이들을 맞이했습니다. 아이들은 각자 원하는 과자를 접시에 담고, 웃음과 이야기 속에서 즐거운 시간을 보냈습니다.
 1세 아이들의 호기심 가득한 표정, 2세 아이들의 또박또박 정확한 발음으로 인사하는 모습, 3세와 4세 아이들의 자랑스러운 노래 솜씨, 5세 아이들의 의젓한 모습에서 한 해의 성장을 확인할 수 있었습니다. 한 해를 무사히 보내고 즐겁게 지냈다는 것이 그대로 전해졌습니다. 이 모든 순간 뒤에는 선생님들의 사랑과 노력이 가득 담겨져 있습니다. 한 해 동안 아이들을 사랑으로 돌보고 키운 마음과 수고는 눈에 잘 보이지 않아도, 아이들의 성장 속에 고스란히 스며져 있습니다. 나는 진심으로 "선생님, 고생 많으셨습니다. 감사합니다!"라고 전합니다.

영·유아에게 세상에서 처음 만나는 스승은 부모님이며, 다음으로 만나는 스승이 어린이집과 유치원의 교사입니다. 아이, 부모, 교사가 하나 되어 함께 할 때 교육은 가장 큰 힘을 발휘합니다. 국가 정책과 지원도 중요하지만, 무엇보다 부모님이 내 아이의 최고 스승이 되어야 합니다. 교사와 부모가 서로 믿고 존중하며 감사하는 마음으로 함께 할 때, 아이의 전인교육은 시작되고 완성됩니다.

세상에는 수많은 직업이 있지만, 나는 감히 말합니다. 영·유아를 돌보는 교사만큼 귀한 직업은 없다고. 아이들의 삶이라는 하얀 캔버스 위에 첫 붓질을 하는 순간, 그 밑그림을 정성껏 그리는 손길이 바로 어린이집과 유치원의 선생님 손입니다.

수료식 날인 오늘 아이들의 웃음 속에서 그 멋진 작품의 시작을 함께 응원합니다.

졸업식, 작은 편지 속 큰마음

　5세반 졸업식 날입니다. 아이들과 부모님, 선생님이 한자리에 모인 이 순간 마음은 따뜻한 설렘으로 가득합니다. 아이들의 반짝이는 눈빛은 물론, "선생님 사랑해요. 고마워요. 보고 싶을 거예요"라고 눌러쓴 작은 손편지 하나에도 그동안 함께 걸어온 시간의 깊은 이야기가 담겨 있습니다.

　현관문을 들어서는 아이들의 발걸음마다 아쉬움과 설렘 그리고 긴장이 묻어납니다. 졸업생 아이들을 처음 맞이했던 날이 떠오릅니다. 어린이집으로 처음 상담을 오셨던 부모님들의 눈빛에는 기대와 걱정이 가득 섞여 있었고, 아이들은 낯선 공간을 탐색하듯 살짝 머뭇거리며 들어옵니다. 적응기간 동안 아이들은 많이 울기도 하고, 위축된 표정을 감추지도 못했죠. 말로 마음을 표현하기 어려워 작은 목소리로, 유아어로 겨우 마음을 전하던 모습이 생생합니다.

주훈이가 2세에 처음 왔을 때 말이 느리고 발음이 어눌해 친구들과 선생님과 소통하는 것이 힘들었습니다. 놀이를 하고 싶어도 하고 싶은 말을 제대로 표현하지 못해 속상해하던 주훈이는 이제 졸업을 맞이하며 친구와 대화를 나누고, 선생님과 농담을 주고받을 만큼 의젓하게 성장했습니다. 나는 주훈이가 친구에게 "같이 놀자!"라고 힘찬 목소리로 말하는 모습을 볼 때면 마음속으로 큰 박수를 보냅니다.

해리는 처음 어린이집에 왔을 때 작은 일에도 눈물을 흘리는 여린 아이였습니다. 하지만 이제 해리는 친구와 다툼이 생기면 선생님에게 도움을 요청하고, 자신의 생각을 분명하게 전할 줄 압니다. 오늘도 졸업식 무대에서 해리는 자신 있게 노래를 부르며 환하게 웃습니다. 해리는 하루에도 몇 번씩 나를 볼 때마다 큰 소리로 "안녕하세요, 원장님!"이라고 인사합니다. 친구들과 놀이 중 다툼이 생기면, 자신의 의견을 당당히 말하고 친구와 협상하는 모습이 자연스럽습니다. 장난치며 웃는 아이의 눈빛에는 자신감과 즐거움이 담겨 있습니다.

승준이는 1세 때부터 어린이집을 다니며 형들의 뒤를 졸졸 따라다니던 장난꾸러기였습니다. 2세 때는 친구들과 장난을 치며 선생님 눈치를 보곤 했지요. 그런데 오늘 졸업식에서 바른 자세로 앉아 담임선생님 말씀을 또랑또랑한 눈망울로 듣습니다. 조용히 손을 들어 질문도 하고, 친구가 실수하면 살짝 다독이는 모습까지 보입니다. 그동안 몸과 마음이 훌쩍 자란 모습이 돋보입니다.

라희 어머님은 매일 아침 딸의 머리를 정성껏 묶어 보내셨습니다. 화사한 원피스와 구두를 신고 오는 라희는 키가 훌쩍 컸지만 여전히 예쁜 머리핀을 꽂고, 무대에서 춤과 노래를 즐겁게 보여줍니다. 라희가 무대 위에서 환하게 웃는 모습에, 어머님의 눈빛에도 자랑스러움과 사랑이 가득합니다.

아현이 어머님은 세 자매를 각각 두 살부터 보내셨습니다. 드디어 막내인 아현이가 졸업하며, 7년 동안 함께한 우리 어린이집 학부모로서의 긴 여정도 끝났습니다. 세 자매 모두 개성이 뚜렷합니다. 말이 없는 언니들과 달리, 아현이는 춤도 잘 추고 자신의 생각을 자유롭게 표현합니다.

요한이는 수줍음이 많던 아이였지만, 이제는 친구와 선생님에게 밝게 인사하고, 장래희망인 축구 선수를 꿈꾸며 당당히 이야기합니다.

졸업식 날, 아이들이 삐뚤빼뚤 쓴 편지와 작은 선물을 담임선생님께 전합니다. "선생님 사랑해요. 고마워요. 보고 싶을 거예요"라는 글자마다 아이들의 마음이 담겨 있습니다. 학부모도, 선생님도 눈시울이 붉어지고, 서로의 마음을 느낍니다.

나는 아이들이 서로를 바라보며 웃고, 부모님과 손을 잡고, 선생님과 눈을 맞추는 순간마다 감사와 뭉클함이 가슴 속 깊이 차오릅니다. 아이들은 하루아침에 자라지 않습니다. 소리 없이, 조금씩, 자신만의 속도로 자라며 마음과 생각을 쌓아갑니다. 지금 당장 모든 것을 완벽하게 하지 않아도 괜찮습니다. 서툴러도, 넘어져도,

천천히 가도 괜찮습니다. 중요한 것은 아이의 속도와 눈높이에 맞춰 손을 잡고, 올바른 방향으로 함께 걸어가는 것입니다.

부모님에게 가장 소중한 자녀를 함께 성장시켜 왔기에 우리는 모두 '한 식구'였습니다. 졸업식을 마치고 나면, 나는 늘 졸업생 가족과 교직원이 함께 모여 저녁 식사를 하며 지난날을 추억합니다. 하하 호호 웃으며 식사를 나누는 모습 속에서 감사함과 행복을 느낍니다.

오늘 졸업생 아이들의 눈빛, 손길, 그리고 편지 속의 따뜻한 마음을 보며, 나는 다시 한번 아이들의 성장은 매일 눈에 보이지 않지만, 하루하루가 쌓여 기적처럼 완성된다는 것을 느낍니다. 아이들은 자신만의 속도로, 자신만의 색깔로 아름답게 자라가고 있습니다.

사랑으로 세우는 부모의 길

아이를 중심에, 마음을 담아

어린이집의 하루는 늘 분주합니다. 아침 햇살이 창가를 스치며 아이들의 작은 발걸음을 비추는 순간부터 교실 한쪽에서는 블록을 쌓다 무너진 친구를 위로하는 소리가 들립니다. 원장과 교사는 아이들의 안전을 지키고, 배움의 순간을 챙기며, 환경을 정돈하고, 서류를 마무리하며, 부모님과 소통하는 일까지 쉼 없이 이어갑니다.

그 바쁜 하루 속에서도 가장 중요한 순간은 아이들을 바라보고, 그들의 마음과 발달을 함께 지켜보는 시간입니다. 짓궂게 장난을 치는 아이, 시무룩한 표정으로 조용히 있는 아이, 떼를 쓰며 울음을 터뜨리는 아이, 느리지만 꼼꼼하게 탐구하는 아이까지. 교사는 한 아이 한 아이의 마음을 헤아리며 다정하게 다가가고, 부드럽게 풀어가며 아이들이 스스로 성장할 수 있도록 돕습니다.

아이들은 서로 부딪히고 울기도 하면서 놉니다. 작은 다툼 속에서 자신을 조절하고, 친구의 마음을 이해하며, 조금씩 세상을 함께 살아가는 방법을 배워갑니다. 교사는 그 순간을 한쪽으로 치우치지 않고 살피며, 필요할 때는 부드럽게 손을 내밀어 올바른 방향을 안내합니다.

하지만 가정에서는 종종 "그 친구랑 놀지 마라", "그 친구는 문제가 많다"는 단정적인 판단이 내려지곤 합니다. 아이들이 이해받고 배우며 자라야 할 시기에, 어른의 결정 하나로 놀 권리와 친구 관계가 제한되기도 합니다.

2세부터 함께 지내던 라은·라희 자매는 5세 1학기 말, 같은 반 친구와의 작은 갈등 때문에 어린이집을 떠나야 했습니다. 어린이집에 대한 불만은 전혀 없었지만, 부모님의 마음이 상했기 때문이었습니다. 원장으로서, 담임으로서 그리고 친구로서 친숙한 또래와 헤어지는 모습을 지켜보는 일은 모두에게 마음 아픈 순간이었습니다.

또 다른 사례입니다. 담임선생님은 유진이 어머니에게 아이의 어린이집 생활을 있는 사실 그대로 상담을 할 때마다 전달했습니다. 아이의 보다 나은 성장과 건강한 또래 관계를 위하여 도움이 되고 싶은 마음이었죠. 하지만 어머니는 안타깝게도 인정하고 개선의 방법을 모색하는 대신 담임선생님의 교육 활동에 대하여 잦은 지적과 항의를 하시며 불편해하셨습니다. 그해 유진이 담임선생님은 유난히 마음고생이 많았습니다.

시간이 지나 유진이가 초등학교 입학 후, 어머님이 아이와 함께 어린이집 담임선생님을 찾아와 손을 꼭 잡으며 "선생님, 어린이집이 그리워요"라고 말했을 때, 안타까움과 걱정이 한순간에 눈 녹듯 사라졌습니다. 부모님도 뒤늦게 "선생님, 정말 감사했어요"라며 고개를 숙였습니다. 그제야 어린이집에서 전해진 이야기와 교사의 진심을 깨닫게 되신 것이지요.

원장과 교사는 때로는 부모님에게 전하기 어려운 이야기를 전해야 할 때가 있습니다. 듣기 좋은 이야기보다 조금은 불편할 수 있는 이야기, 부모가 마음 아파할 수도 있는 이야기입니다. 그 이야기 속에는 아이를 위한 깊은 배려와 사랑이 담겨 있습니다. 하지만 원장이나 교사 입장에서는 아이를 위한 진심조차 망설여질 때가 많습니다.

최근에는 학부모 간 갈등이 법정까지 이어진 사례도 있었습니다. 아이들 앞에서 고성이 오가고 몸싸움까지 벌어지는 모습을 상상하면, 참으로 안타깝습니다. 어른이 보여주는 태도와 행동이 아이에게 얼마나 큰 영향을 미칠지 걱정이 많이 됩니다. 부모가 부끄럽지 않은 어른으로 행동하고, 누군가를 미워하거나 악을 악으로 갚지 않으며 또한 사랑과 용서, 배려를 실천하는 모습은 아이에게 가장 강력하고 살아 있는 교육입니다.

교육의 주체는 아이입니다. 하지만 선택권은 오직 부모에게 있습니다. 아이를 중심에 두고 신중하게 판단하며 배려하는 부모의 선택은 아이에게 가장 큰 힘이 됩니다. 아이의 하루하루를 사랑과 책임으로 지켜주는 부모의 선택이야말로, 아이의 삶과 배움의 밑거름이 됩니다.

원장과 교사, 아이와 부모가 서로를 충분히 헤아리고 배려하며 함께 걸어갈 때, 아이는 가장 안전하고 풍요로운 배움의 시간을 누릴 수 있습니다. 그 시간 속에서 아이들의 웃음과 눈물, 성취와 좌절, 그리고 서로를 향한 따뜻한 마음이 하나로 이어집니다. 그 모든 순간이 아이를 성장시키는 소중한 빛이 됩니다.

인간성은 체력에서 시작됩니다

아이를 키우다 보면 하루가 어떻게 지나갔는지 모를 정도로 바쁘게 흘러갑니다. 늦은 밤에 겨우 잠든 아이를 위해 다음 날 먹을 간식을 챙기고, 이른 아침에 다시 깨우며 학교나 어린이집에 보냅니다. 부모 자신은 커피 한 잔으로 겨우 버티며, 끊임없이 이어지는 요구를 처리하느라 숨이 막힐 때가 많습니다.

훈이 엄마처럼, 초등학교를 다니는 큰딸과 어린이집을 다니는 아들을 둔 엄마라면 하루 계획이 더욱 치밀해야 합니다. 아이들의 학습 지도는 물론, 아들에게 피아노까지 가르치며 매일 계획적이고 규칙적으로 시간을 채워갑니다. 두 자녀의 엄마로서 행복감을 느끼는 순간도 많지만, 체력이 떨어질 때면 자신도 모르게 짜증 섞인 목소리로 가족에게 반응하는 자신이 미안하게 느껴질 때도 있습니다.

"인간성은 체력에서 나오잖아요!"라고 훈이 엄마는 말합니다.

코로나19로 인해 아이들이 집에 있는 동안, 헬스장에도 갈 수 없어 집에서 닌텐도 게임을 활용한 댄스로 하루 한 시간씩 운동하며 몸과 마음을 지켰다고 합니다. 그 덕분에 체중과 군살도 줄이고, 건강과 아름다움까지 챙길 수 있었다고 조용히 전했습니다.

홈 트레이닝은 요즘 많은 엄마들의 선택이기도 합니다. 세영 엄마는 점핑 운동으로 활력을 찾았고, 지현 엄마는 주 2회 필라테스로 하루를 견뎌낼 힘을 얻었다고 합니다. 어린아이를 키우며 집안일과 육아로 지친 몸과 마음에 짧은 운동이나 산책, 작은 휴식이라도 큰 힘이 됩니다. 세 자녀를 키우는 연주 엄마는 남편과 교대로 또는 함께 걷는 산책 시간을 '힐링의 시간'이라고 말하기도 했습니다.

부모 번아웃은 조용히 찾아옵니다. 몸과 마음이 동시에 지치고, 평소 즐기던 일에서도 기쁨을 느끼기 어렵습니다. 아이에게 쉽게 짜증을 내거나, 스스로를 의심하게 되는 극도의 탈진 상태이기도 합니다. 저도 한때 아침부터 저녁까지 아이의 하루를 일정표로 채우며, 일을 병행하던 시절이 있었습니다. '아이에게 부족함이 없어야 한다'는 마음이 어느새 제 자신을 옥죄고 있다는 사실을 뒤늦게 깨달았지요.

하지만 부모 번아웃을 마주했을 때, 우리는 작은 변화로 회복을 시작할 수 있습니다. 믿을 수 있는 사람과 솔직하게 대화하고, 구체적으로 도움을 요청하세요. 수면을 최우선으로 생각하고, 짧은 낮잠이나 10분 걷기, 혹은 좋아하는 음악을 듣는 시간으로도 충분합니다. 휴식은 꼭 잠이어야 하는 것이 아니고, 따뜻한 차 한 잔, 잠깐의 놀이, 만화 보기처럼 마음을 풀어주는 작은 시간이 큰 힘이 됩니다.

또한, 혼자가 아니라는 사실을 기억하세요. 육아 그룹, 친구, 친척 등 도움을 받을 수 있는 사람과 연결되면, 이해받는 경험만으로도 충분히 회복됩니다. 불안감이나 우울감이 계속된다면 전문가의 상담도 고려할 수 있습니다.

무엇보다 자기 자신에게 친절해지세요. 슈퍼 부모가 될 필요는 없습니다. 인간으로서 한계를 인정하고, 감정을 그대로 받아들이는 것이 중요합니다. 단 2분이라도 '나를 위한 시간'을 확보하는 자기 돌봄이 쌓이면, 큰 회복력으로 이어집니다.

부모로서 완벽할 필요는 없습니다. 아이의 성취보다 중요한 것은, 그 과정에서 사랑과 지지를 느끼고 함께 성장했던 시간을 기억하는 일입니다. 피로사회 속에서 자기 착취의 굴레에서 벗어나 지금의 여유와 관계를 소중히 하는 것, 그것이야말로 가장 값진 육아입니다.

아이를 보면 부모가 보인다: 맘 힐링 여행을 다녀와서

해마다 어린이집에서는 어머님들을 위한 작은 여행을 준비합니다. 이름하여 '맘Mom 힐링 여행'. 반복되는 일상 속에서, 아무 준비 없이 오롯이 '엄마 자신'만을 위한 시간을 선물하고 싶은 마음에서 시작된 프로그램입니다.

아이를 맡기고 함께 양육하는 우리는, 누구보다 서로에게 가까운 사람이어야 합니다. 식구처럼, 가족처럼. 나는 엄마들이 행복하기를 진심으로 바랍니다. 엄마가 웃고 편안해야 아이도 마음껏 웃고 행복할 수 있다는 것을 너무 잘 알기 때문입니다.

짧은 일정이지만, 참여하는 엄마들은 오직 즐거운 마음만 안고 버스에 오릅니다. 'ㅇㅇ 엄마', 'ㅇㅇ 아내'가 아닌, 각자의 이름을 이름표로 달고 서로의 이름을 부르며 하루를 시작합니다. 원에서 준비한 다과와 시원한 생수 한 통이 작은 기쁨이 되고, 스스로 차리지 않아도 되는 밥상에서 여유롭게 식사를 즐기며 수다를 나눕니다.

출발할 때는 살짝 어색하던 표정이 창밖으로 스치는 풍경을 바라보고 함께 산책을 즐기는 사이 모두 사라집니다. 돌아오는 버스 안에서는 여고 시절 수학여행을 떠올리게 하는 깔깔거리는 웃음소리로 가득 차고, 마음속에는 오래도록 남을 행복한 기억이 자리합니다.

어느 해에는 손주를 돌봐주시는 할머니 세 분도 함께하셔서 세대 간의 따뜻한 소통까지 더해졌습니다. 코로나19 시기에 엄마들은 어느 해보다 지쳐 있었습니다. 참석률은 낮았지만, 그 시간을 기다리던 학부모님들께 숲길 산책과 맛난 점심, 은은한 커피 향까지 더하여 작은 위로를 전할 수 있었습니다. 두 자녀를 어린이집에 보내는 채현이 어머님은, '맘 힐링 여행'을 손꼽아 기다리셨다고 전해주셨습니다. 짧은 시간이지만, 나는 늘 어머님들께 말합니다.

"누구의 엄마, 누구의 아내가 아니라, 온전히 '나'만의 시간이에요."

'나 자신'을 온전히 느끼는 시간이 되었기를 바랍니다. 그러나 현실은 잠시뿐, 또다시 남편과 자녀 이야기로 폭풍 수다가 이어지고, 그 모습을 지켜보노라면 자연스럽게 아이들의 얼굴과 어린이집 생활 모습이 떠오릅니다. 밝게 웃는 엄마 속에는 잘 웃는 아이가, 수줍은 엄마 속에는 조심스러운 아이가, 말씨가 예쁜 엄마 속에는 예쁜 말과 예의 바른 아이가 함께 보입니다.

부모는 자녀의 거울입니다. 깨어진 거울이 아니라, 단단하고 맑은 거울이 되어 우리 아이들이 바르게 자라기를 소망합니다. 부모가 행복해야 아이가 행복합니다.

부부 힐링 여행을 다녀왔어요, 아이에게 주는 가장 큰 선물

찬바람이 불고 낙엽이 흩날리는 가을, 어린이집에서는 학부모를 대상으로 '부부 힐링 여행'을 마련했습니다. 토요일이라 선생님들도 쉬셔야 하지만, 이날만큼은 특별히 참여 가정의 아이들을 돌봐주셨지요. 행복한 아빠 엄마의 모습을 지켜보며 자라는 아이가 더 행복할 수 있다는 믿음 때문입니다.

아이를 어린이집 선생님께 맡기고, 부부가 함께 교육 장소에 모였습니다. '사랑의 언어'를 주제로 부부 사이의 원활한 소통을 배우는 시간이었습니다. 부부 힐링 여행을 신청할 때는 다소 망설이던 분들이 많았지만, 마치고 돌아가는 길에는 "감사합니다. 너무 좋은 시간이었어요"라며 웃음을 지으셨습니다. 오랜만에 부부 둘만의 시간을 가지며 다시 서로의 마음을 확인할 수 있었던 것이지요.

연애 시절에는 두 사람만 행복하면 충분했습니다. 하지만 부모가 되는 순간부터는 이야기가 달라집니다. 부부는 서로를 선택할 수 있지만, 아이는 부모를 선택할 수 없습니다. 부모는 아이에게 세상의 전부이며, 가장 안전한 울타리입니다. 그 울타리가 흔들리면 아무리 화려한 장난감이나 값비싼 경험을 주어도 아이의 마음은 채워지지 않습니다.

아이에게 가장 큰 선물은 부모의 사랑이 서로에게 향하는 모습을 보는 것입니다. 엄마와 아빠가 서로를 존중하고 배려하는 장면은 아이에게 '사랑은 이렇게 하는 거구나'를 몸으로 배우게 합니다. 부모의 다정한 눈빛, 함께 웃는 목소리, 다툼 후에 화해하는 모습 하나하나가 모여 아이의 마음속에 '관계의 교과서'처럼 새겨집니다.

실제로 어떤 아버지는 여행을 마치며 이렇게 말씀하셨습니다. "그동안 아내와 아이를 위해 돈을 벌어야 한다는 생각에 일만 했는데, 오늘은 오히려 아내가 내 인생의 동반자라는 걸 새삼 느꼈어요. 앞으로는 사랑의 언어를 실천하며, 말과 행동으로 아내에게 마음을 전해보려고 합니다."

그 말을 들으며 아내의 눈가에는 눈물이 맺혔습니다.

아이가 있는 집의 행복은 거창한 이벤트나 교육비에서 시작되지 않습니다. 함께 웃고, 서로를 이해하려는 작은 대화에서 비롯됩니다. 부모가 행복하면 아이도 행복합니다. 부모가 서로에게 따뜻하면 아이는 세상에 대한 신뢰를 배웁니다. '부부 힐링 여행'은 단순한 부부 교육이 아니라, 아이의 마음에 평화의 씨앗을 심는 시간이었습니다. 사랑은 배우는 것이고, 가정은 그 사랑의 첫 학교이기 때문입니다.

부부간의 사랑의 언어,
서로의 마음에 닿는 다섯 가지 표현

    부부는 서로를 가장 잘 알면서도, 때로는 가장 쉽게 상처를 주기도 합니다. 사랑이 식어서가 아니라, 서로의 언어가 달라서입니다.

    게리 채프먼 박사는 부부가 서로에게 사랑을 전하는 방식을 칭찬의 말, 함께하는 시간, 선물, 봉사의 행동, 스킨십이라는 다섯 가지로 나누었습니다. 서로가 어떤 방식으로 사랑을 느끼는지 이해하고, 그에 맞춰 표현할 줄 아는 것이 중요합니다. 이 다섯 가지 사랑의 방식을 실천하는 순간 부부 관계는 깊어지고, 그 모습은 아이에게도 가장 큰 사랑의 본이 됩니다.

    부부가 서로에게 사랑을 전하는 방법은 다양합니다. 그중에서도 말과 시간, 그리고 마음을 담은 작은 표현은 일상의 큰 힘이 됩니다. 먼저, 칭찬의 말입니다. "오늘 하루도 수고 많았어요", "당신 얼굴을 보니 기분이 좋아지네요"와 같은 짧고 단순한 말 한마디가 마음을 가장 따뜻하게 이어주는 다리가 됩니다. 때로는 카톡 한 줄,

책상 위에 붙여둔 쪽지 한 장이 하루를 특별하게 만들고, 서로에 대한 감사와 애정을 느끼게 합니다. 말의 힘은, 멀리 있더라도 마음을 가까이 이어주는 작은 마법과 같습니다.

다음은, 함께하는 시간입니다. 바쁘게 돌아가는 하루 속에서도 잠시라도 서로에게 집중하는 시간은 큰 의미를 가집니다. 함께 차를 마시며 오늘 있었던 일을 이야기하고, 짧은 산책길에 손을 잡고 걷는 일상 속 순간들. 이 소소한 시간들은 "당신은 나에게 소중한 사람입니다"라는 말보다 더 깊은 위로와 안정을 전합니다. 사소하지만 반복되는 이런 순간들이 부부의 마음을 단단하게 이어주고, 서로의 존재를 확인하게 합니다.

마음을 담은 작은 표현도 큰 힘을 발휘합니다. 퇴근길에 고른 따뜻한 음료 한 잔, 기념일도 아닌 날의 작은 쪽지, "오늘 당신 생각 많이 했어요"라는 단순한 마음이 큰 위로와 사랑으로 전해집니다. 크고 화려한 선물이 아니라, 일상 속에서 전해지는 진심이 서로를 더 가깝게 만들고, 관계에 깊이를 더합니다.

그리고 봉사의 행동입니다. 서로를 위해 작은 일을 해주는 순간, 그 자체가 사랑의 언어입니다. 먼저 설거지를 하거나, 피곤한 배우자를 위해 조용히 커피를 내는 손길, 혹은 잠시라도 상대가 쉬도록 배려하는 행동 하나하나에 마음이 담겨 있습니다. 이런 행동들은 "당신을 아끼고, 당신을 생각하고 있어요"라는 말보다 더 깊이 마음을 전합니다. 부부가 서로를 배려하며 행동으로 사랑을 보여줄 때, 관계는 더 단단하고 안정적으로 이어집니다.

마지막으로, 스킨십, 즉 손끝으로 전하는 안정감입니다. 손을 잡는 일, 어깨를 감싸주는 일, 포옹 한 번이 마음을 단단하게 이어 줍니다. 말로 표현하지 않아도 스킨십은 서로의 존재를 확인하고, 안심하게 하는 언어입니다. 바쁜 하루 속에서도 짧은 포옹이나 손길 한 번이 서로에게 큰 위로가 되고, "괜찮아, 함께 있어 줄게"라는 메시지를 자연스럽게 전합니다. 이런 신체적 접촉은 사랑을 느끼게 할 뿐 아니라, 관계에 안정감을 불어넣어 아이들에게도 긍정적인 모델이 됩니다. 부부가 서로에게 다정하게 사랑의 언어를 주고받는 모습은 그대로 아이에게 전해집니다.

사람들은 익숙한 것의 소중함을 잊기 쉽습니다. 부부도 마찬가지입니다. 서로가 늘 곁에 있으니까 당연하다고 소홀히 여기기 쉽습니다. 살아가는 동안 가장 귀하게 지켜야 하는 존재가 바로 남편과 아내, 서로입니다.

화목한 부모가 주는 가장 큰 선물

　내 아이에게 화목한 부부, 서로를 존중하며 사랑하는 부모의 모습은 세상에서 가장 귀한 선물입니다. 말 한마디, 눈빛 하나에도 사랑이 묻어나 아이 마음속 깊이 자리 잡습니다.

　부부가 살아가다 보면 의견이 늘 같을 수는 없습니다. 갈등은 피할 수 없지만, 아이 앞에서 드러나는 방식은 아이에게 오래 남는 흔적이 됩니다. 부모가 싸우는 모습을 보면 아이는 불안과 두려움을 느끼고, '혹시 나 때문에 싸우는 걸까?'라는 작은 죄책감도 품게 됩니다.

　희주 엄마가 말합니다. "희주 앞에서는 부부 싸움을 하지 않아요"라고. 잠시 후 "다투긴 다투죠. 다만, 아이 없을 때요"라며 수줍게 웃었습니다. "싸운 뒤 바로 화해하지 못할 때도 있고, 며칠 동안 말 한마디 없이 지낼 때도 있죠."

　그 말을 듣고, 싸운 뒤에도 화해가 늦어 며칠 동안 말 한마디 없이 지낼 때의 희주네 거실 풍경을 떠올려 봅니다.

말없이 앉아 있는 부모와, 그 사이에서 조심스럽게 장난감 자동차를 밀며 놀고 있는 희주. 작은 몸이지만 이미 아이는 부모의 미묘한 감정을 감지하며 심장이 두근거립니다. 이유를 몰라도 집안 분위기를 느끼고, 부모의 눈치를 살피며 조심스럽게 움직이는 것이지요. 눈에 보이는 것만으로는 아이의 마음을 안정시킬 수 없습니다. 값비싼 장난감이나 특별한 체험이 아무리 많아도, 아이에게 진정 필요한 것은 바로 부모가 전하는 정서적 안정과 사랑입니다.

그뿐만 아니라 부모가 갈등을 겪더라도 지혜롭게 풀어가는 모습을 보여주는 것은 그 어떤 말보다 아이 마음속에 깊이 남는 교육이 됩니다. 서로 다른 생각을 존중하고, 속상해도 마음을 다스리는 부모의 모습은 아이에게 전하는 작은 배움이자 큰 선물입니다.

아이 앞에서 상대를 비하하는 말은 삼가야 합니다. '얘네 아빠는~', '얘네 엄마는~'처럼 특정 가족을 부정적으로 말하면, 아이는 어른의 태도를 그대로 받아들이고 나이에 맞지 않게 부정적 인식을 갖게 됩니다. 실제로 어린이집에서 지우가 이렇게 말한 적이 있습니다.

"우리 엄마는 제주 할머니를 싫어해요."

작은 아이의 입에서도 어른의 말이 그대로 나오는 것을 보면, 아이가 가정의 분위기를 얼마나 민감하게 받아들이는지 알 수 있습니다.

부부 사이가 좋아지면 아이에게 미치는 긍정적 효과는 놀랍습니다. 여섯 살 남자아이 준호의 사례가 있습니다. 준호는 발음이 부정확하고 말을 더듬으며 어휘력도 부족해, 또래와의 놀이에서 어려움을 겪었습니다.

아이의 문제를 살펴보던 중, 부모가 자주 다투고 아빠가 큰 목소리로 화를 내는 가정환경이라는 사실을 알게 되었습니다. 이혼까지 고민하고 있다는 솔직한 속마음도 전해 들었습니다. 몇 차례 엄마와 아빠를 각각 상담하며, 부부 사이를 조금씩 가깝게 만드는 과정이 이어졌습니다. 가정 분위기가 좋아지자 놀랍게도 준호의 언어 발달도 눈에 띄게 개선되었습니다. 지금 중학생이 된 준호는 학교생활에도 잘 적응하고 있습니다.

부부가 서로를 존중하며 사랑을 지켜가는 작은 순간들, 그것이 아이에게 가장 큰 선물입니다.

내 불안이 아이 마음을 가리지 않게

얼마 전 자료를 하나 접했습니다. 최근 5년 사이 발달지연 아동 수가 두 배 가까이 늘었다는 것이었지요. 숫자로만 봐도 적지 않은 아이들이 또래보다 언어나 사회성, 정서에서 뒤처지고 있다는 의미였습니다. 사실 이런 이야기는 자료를 보지 않아도 현장에서 충분히 느낄 수 있습니다. 놀이치료나 언어치료를 기다리는 줄이 길게 늘어서 있는 걸 보면, 부모의 조급한 마음과 아이의 어려움이 동시에 보이기 때문입니다.

아이러니한 건, 우리 사회는 과거보다 훨씬 풍요롭고 편리해졌다는 사실입니다. '아이를 낳으면 국가가 책임진다'는 정책도 이어지고 있는데, 정작 아이들의 정서 발달은 제자리걸음을 하는 듯합니다. 그 이유가 무엇일까 되새겨 보면 결국 '가정'과 '부모의 마음'에 다다르게 됩니다. 아이가 처음 만나는 사회는 가정이고, 부모의 감정은 아이의 발달에 고스란히 스며들기 때문입니다.

한 의과대학 교수님의 강의에서 인상 깊은 이야기를 들었습니다. "MZ세대가 가장 취약한 기능은 정서 기능이다." 누군가 그 세대에게 '희생해본 경험이 있느냐'고 물었을 때, "커피 한 잔 사기, 30분 늦게 퇴근하기"라는 답이 돌아왔다고 합니다.

그 말을 듣는 순간 마음이 조금 서늘했습니다. 사랑과 희생을 충분히 경험하지 못한 채 자라난 사회적 배경이 지금의 청년 문제와 맞닿아 있구나 싶었지요. 실제로 밖으로 나오지 않고 고립을 택하는 청년들, 마음 불편한 사람과는 '손절'을 선택하는 문화 역시 정서 발달의 단면을 보여주는 듯했습니다.

그렇다면 부모가 된 MZ세대는 어떨까요? 그들은 대학 진학을 위한 치열한 입시 경쟁과 취업 걱정에 대한 불안을 안고 살아왔습니다. 그 불안이 아이를 향한 양육에도 고스란히 비칩니다. '조금 더 빨리, 조금 더 앞서야 한다'는 조급함 속에서 두 살 아이가 어린이집을 마치고 곧장 학원으로 향합니다. 영어유치원에 보내기 위해 미리 과외를 붙이는 이야기도 낯설지 않습니다. 하지만 그 안에서 정작 놓치고 있는 것이 있습니다. 바로 아이의 감정이지요.

사실 아이는 많은 것을 바라지 않습니다. 부모의 따뜻한 눈길과 관심, 함께 뛰어놀아 주는 시간. 그것만으로도 아이의 마음은 단단해집니다. 발달을 이끄는 가장 큰 힘은 조기교육이나 훈련이 아니라, 부모와의 안정된 애착과 감정의 존중에서 비롯되기 때문입니다.

부모의 불안은 아이의 마음을 가릴 수 있습니다. 하지만 부모가 먼저 내 마음을 다독이고 아이의 감정을 존중해 줄 때, 아이는 훨씬 건강하고 안정된 발달의 길을 걸어갑니다. 부모의 불안이 줄어드는 만큼 아이의 웃음은 더 깊어집니다.

멀리 보는 부모와 앞만 보는 학부모

어린이집에서 학부모님들과 차를 마시며 이야기를 나누던 자리였습니다. 초등학교 6학년 아들을 둔 한 어머님께서 "2028년부터 달라지는 대학입시" 이야기를 꺼내셨습니다. 옆에 있던 두 살 진호 어머님은 "아, 너무 먼 이야기라 귀에 잘 안 들어와요"라며 웃으셨습니다.

지금 아이와 하루하루 씨름하는 부모에게 먼 미래를 생각하는 일은 쉽지 않습니다. 하지만 시간은 참 빠르게 흐릅니다. 오늘 품에 안고 있는 두 살 아이도 어느새 교복을 입고, 대학을 준비하는 날이 옵니다. 그동안에 아이들은 과연 행복하게 자라고 있을까요?

우리나라 아이들의 행복지수는 조사에서 볼 때 세계적으로 낮습니다. 친구와 마음껏 뛰어놀 시간도 부족하고, 부모와의 관계가 좋지 않으면 더 불행합니다. 겉으로는 잘 말하지 않지만, 많은 부모 마음속 깊은 곳에는 이런 바람이 있습니다.

"내가 못 이룬 꿈을 아이가 대신 이루길 바란다."

"우리 아이가 뒤처지지 않도록 미리 앞서 나가게 해야 한다."

하지만 혹시 아이의 행복보다 부모의 기대와 체면이 앞서는 건 아닐까요? 경쟁 속에 아이를 밀어 넣으며, 정작 우리는 행복했나요? 부모님께 드리고 싶은 말은 단순합니다.

"다른 부모가 어떻게 하든, 나부터 내 아이가 자기 삶을 살아갈 수 있도록 용기를 내주세요."

"자녀 교육의 방향에 대한 소신 있는 부모님이 되어 주세요."

핀란드 교육에서는 잘하는 아이보다 뒤처진 아이를 먼저 살핍니다. 모두가 함께 도착하도록 기다리고, 서로를 돕습니다. 경쟁이 아닌, 협력과 배려 속에서 배우는 공동체! 바로 그것이 아이들의 행복을 지켜주는 힘입니다.

우리 사회가 올바르게 움직이려면 많은 사람이 함께 노력해야 하지만, 그보다 먼저 나부터 작은 변화를 시작할 수 있습니다. 바닷물이 짠 까닭이 4%의 소금 때문이듯, 우리 사회도 누군가 먼저 작은 실천을 시작할 때 서서히 달라질 수 있습니다.

그럼 우리 아이들에게 필요한 것은 무엇일까요? 더 높이 오르라고 재촉하는 감독형 부모가 아니라, 아이 곁에서 끝까지 믿고 응원하는 코치형 부모입니다.

아이들이 자기 길을 행복하게 걸어갈 수 있도록 부모인 우리부터 그 길을 함께 걸어주면 좋겠습니다.

아이는 부모의 온도를 닮아갑니다

부부 갈등이 심한 환경에서 지내던 진호는 늘 "괜찮아요"라고 말합니다. 속상하지 않냐고, 아프지 않냐고 물어봐도 "괜찮아요"라고 대답할 뿐입니다. 어느 날은 그림을 그리다 연필을 꾹 누르며 말했습니다.

"저는 그냥 혼자 하는 게 편해요. 실수하면 혼나요."

다섯 살 아이의 작은 입에서 나온 말이었지만, 그 속에 담긴 마음은 무겁게 느껴졌습니다. 자신의 감정을 꾹꾹 눌러 담고, 스스로를 보호하기 위해 마음의 문을 조심스럽게 닫아버린 모습이 안쓰러웠습니다.

그런 진호를 보고 있노라면, 또 다른 아이 기웅이가 생각납니다. 기웅이 엄마 영숙씨를 처음 보았을 때 아이는 두 살이었습니다. 영숙씨는 출산 후 남편의 외도로 깊은 슬픔 속에 빠져 있었습니다. 무표정하게 기웅이를 돌보며, 유튜브 영상에 의존해서 하루하루를 보내고 있다고 했습니다.

어린이집 원장으로서 아이들과 지내온 경험 덕분에, 나는 기웅이가 또래보다 언어 발달이 많이 느리고, 눈 맞춤이 안 되며, 상호작용에 어려움이 있다는 것을 금세 알아차릴 수 있었습니다. 나는 영숙씨와 기웅이를 위해 조심스레 용기를 내어 이야기를 건넸습니다.

당시에 영숙씨는 "아이가 말이 조금 느리지만, 조금 크면 괜찮아질 거야"라고 생각하며 막연히 기대하고 있었습니다. 그러나 나의 이야기를 듣고, 기웅이의 상태를 이해하고 받아들이며 적극적으로 돌보기 시작했습니다. 전문가 상담을 받고, 놀이치료와 언어치료도 함께 받았어요. 엄마가 안정된 마음으로 사랑과 관심을 갖고 보살피자, 기웅이는 조금씩 달라졌습니다. 웃음과 함께 자신을 표현하고 세상과 소통하는 법을 배워가기 시작했습니다.

'아이는 엄마의 감정을 먹고 자란다'는 말처럼, 아이는 부모의 마음과 감정을 그대로 느낍니다. 태어나면서부터 사랑받고 싶어하는 아이는 부모의 표정, 말투, 시선은 물론, 함께하는 시간 속에서 사랑을 배우게 됩니다. 차갑거나 무심한 부모 밑에서 자란 아이는 감정을 표현하는 것이 어색하고, 마음속에 감정을 담아두는 것이 안전하다고 여깁니다. 기쁨이나 슬픔을 감추고, 끊임없이 자기 검열을 하며 타인의 평가에 민감하게 반응하지요. 이미 경험한 세상에서 사랑이 조건적일 수 있음을 배우고, 관계 속 위험을 감지하기 때문입니다.

부모는 아이가 세상을 처음 배우는 선생님이자, 첫 번째 인간관계의 모델입니다. 부모가 따뜻한 눈빛으로 아이를 바라보면서 말이 서툴러도, 실수해도 괜찮다고 말해줄 때 아이는 조금씩 자신을 드러내며 성장합니다. 사랑받은 아이는 감정을 건강하게 표현할 줄 알고, 다른 사람과의 관계도 긍정적으로 맺어갑니다. 어린 시절 경험한 무조건적인 사랑은 삶 전체를 지탱하는 힘이 됩니다.

혹시 여러분 자신이 차가운 부모 밑에서 자랐다고 느끼나요? 그래서 아이에게 감정을 표현하는 것이 어색하게 느껴지나요? 괜찮습니다. 우리는 다시 배울 수 있습니다. 부모가 된 지금, 나와 아이를 동시에 따뜻하게 안아줄 수 있습니다. 아이는 말하지 않아도 느낍니다. 부모의 말투와 눈빛은 물론, 매일 반복되는 작은 손짓과 행동 속에서 사랑을 배우고 마음을 열게 됩니다.

오늘 한 번 더 아이를 따뜻하게 안아주세요. 말 대신 손으로, 시선으로, 눈웃음으로 "넌 소중해"라고 전해주세요. 그 따뜻한 온기가 아이의 마음에, 그리고 부모인 우리 안에도 천천히 스며들 것입니다.

엄마는 모든 것을 대신할 수 있지만, 세상 그 어떤 것도 엄마를 대신할 수 없습니다.

동의와 거절, 존중에서 시작하는 성교육

세 살 라온이는 같은 반 친구 수아를 무척 좋아합니다. 그래서 늘 옆에 앉고 싶어 하고, 손을 잡고 싶어 합니다. 때로는 두 팔을 벌려 꼭 안아주기도 하지요. 그런데 수아의 마음은 늘 같지 않습니다. 가끔은 귀찮다는 듯, 혹은 불편하다는 듯 "싫어!" 하며 라온이를 밀쳐내곤 합니다. 그러면 라온이는 금세 울상이 되어 "선생님, 수아가 내 손 안 잡아요!" 하고 호소하지요.

선생님은 라온이 곁에 다가와 그 마음을 먼저 어루만집니다.

"라온아, 수아가 참 좋았구나. 그래서 손도 잡고 싶고, 안아주고 싶었던 거구나. 그런데 수아가 싫다고 하면, 아무리 좋아도 억지로 하면 안 돼. 먼저 물어보고, 싫다고 하면 알겠어 하고 멈춰야 해."

그리고 수아에게도 따뜻하게 말합니다.

"수아야, 손잡기 싫을 땐 말해도 괜찮아. 네 마음을 표현할 수 있어."

짧은 순간이지만, 이 안에는 성교육의 중요한 출발점이 담겨 있습니다. 바로 "나의 몸은 나의 것이다"라는 사실입니다. 친구도, 낯선 사람도, 심지어 가장 가까운 가족이라도 아이의 몸을 마음대로 할 수는 없습니다. 아이 스스로 자신의 몸을 지킬 수 있다는 확신을 가질 때, 비로소 안전한 관계가 시작됩니다.

아이가 원하지 않는데 억지로 안으려 할 때, 부모는 이렇게 말해줄 수 있습니다.

"싫다고 말해도 괜찮아. 네 마음이 중요해."

또 누군가가 "우리, 손잡을까?" 하고 물었을 때, 아이가 원하지 않는다면 "아니요"라고 답할 수 있어야 합니다.

반면에 누군가의 거절을 받아들이는 경험도 필요합니다. 억지로 얻어낸 "응"은 진짜 동의가 아니기 때문입니다.

이 메시지는 아이에게만 해당되는 것이 아닙니다. 아이가 귀엽다고 해서 원하지 않는 뽀뽀를 하거나, 아이가 싫다는 신호를 보내도 무시하는 일은 아무리 가족이라 해도 옳지 않습니다. 존중은 가장 가까운 관계에서부터 시작되어야 합니다.

무엇보다 부모가 아이에게 전해야 할 말은 단순하고 분명해야 합니다.

"혹시 누군가 네가 원하지 않는 일을 하려 한다면, 꼭 엄마 아빠나 선생님에게 말해. 너는 혼자가 아니야."

성교육은 특별한 수업에서 갑자기 시작되는 것이 아닙니다. 아이가 "싫어!"라고 말할 수 있는 용기, 그리고 누군가의 "싫어!"를 받아들일 수 있는 마음. 이 두 마음이 자라날 때, 아이는 자기 자신을 지키면서도 타인을 존중할 줄 아는 따뜻한 사람으로 성장해갑니다. 그리고 그것이 바로 성교육의 가장 중요한 출발점입니다.

호기심을 지켜보며, 건강한 성교육으로 연결하기

아이들은 하루하루 자라면서 몸과 마음을 배우고, 세상을 호기심 어린 눈으로 관찰합니다. 요즘 아이들은 스마트폰과 영상 속 세상에도 쉽게 노출됩니다. 판단력이 충분히 발달하지 않은 아이에게 성적 자극이 담긴 영상은 혼란을 주고, 때로는 모방 행동으로 이어지기도 합니다.

기사를 통해서 알게 된 어린이집에서 있었던 한 사례가 떠오릅니다. 5살 남자아이가 또래 여자아이에게 성행위를 흉내 내는 행동을 한 일이었죠. 처음에는 단순한 장난처럼 보였습니다만 CCTV를 확인하고 나서야 상황의 심각성을 알게 되었습니다. 그때 부모와 교사는 다시 자신을 향해 묻게 됩니다.

"아이의 호기심은 어디서 비롯된 걸까?"

"우리가 아이의 질문과 신호에 조금 더 귀 기울였다면 달라졌을까?"

성에 대한 호기심은 지극히 자연스러운 일입니다. 문제는 그 호기심이 안전하고 건강한 방향으로 흐를 수 있도록 안내하는 일입니다.

부모와 교사는 아이의 호기심을 지켜보면서 안전하고 적절한 방법으로 연결해주는 울타리가 되어야 합니다. 예를 들어, 아이가 "아기는 어디서 나와?"라고 물을 때, 부모가 당황하거나 얼버무리기 쉽습니다. 하지만 발달 수준에 맞게 솔직하게 설명하면, 아이는 자신과 타인의 몸을 존중하는 마음을 배우기 시작합니다.

"엄마 아빠가 서로 사랑해서 아빠의 정자가 엄마의 난자와 만나면, 배 속 자궁에서 열 달 동안 자라다가 세상에 나온단다."

이 한마디가 아이에게 주는 안정감은 생각보다 큽니다. 아이는 부끄러움이나 혼란 대신, 호기심을 안전하게 해결할 수 있는 방법을 배웁니다.

또 한 가지, 부모의 성관계가 아이에게 노출되는 상황이 생기기도 합니다. 예를 들어, 아이가 잠들었다고 생각하고 부부가 사랑을 나누다가 아이가 들어오는 경우가 있죠. 아이는 놀라고 혼란스러워할 수 있습니다.

이럴 때 중요한 것은, 부모가 먼저 아이의 감정을 공감하는 것입니다.

"많이 놀랐지? 무섭거나 당황스러웠을 수도 있겠구나."

그 다음은 사실 그대로, 아이가 이해할 수 있는 수준에서 설명합니다.

"엄마 아빠가 서로 좋아서 사랑을 표현한 거야. 네가 세상에 오게 된 건 그런 사랑 덕분이란다. 사랑은 엄마 아빠만 할 수 있는 특별한 방법이야."

마지막으로, 재발 방지 약속에 더해 아이가 안전하다고 느끼도록 합니다.

"앞으로는 노크하고 들어오도록 하자."

부부의 사랑을 위한 안전을 꼼꼼히 챙기는 센스도 함께 필요합니다.

또래 친구와의 놀이에서 성적 호기심이 나타나는 경우도 있습니다. 병원놀이에서 인형을 치마 속에 넣는 행동이나, 서로 보여주기 놀이를 하는 상황이 그렇습니다. 이럴 때는 야단치지 않고 자연스럽게 행동을 중단시키고, 이후 아이들과 개별적으로 이야기를 나누며 약속을 상기시킵니다. 성적 호기심은 자연스러운 발달 과정이지만, 다른 사람에게 불편을 주지 않는 범위 내에서 표현하도록 안내해야 합니다.

아이들이 성적 언어를 사용하는 경우도 있습니다. "방구", "똥꼬" 같은 단어를 즐겁게 말할 때, 지나친 훈육은 오히려 반발심을 강화할 수 있습니다. 대신 친구가 싫어하는 언어는 사용하지 않도록 지도하며, 언어적 성 행동의 경계를 알려줍니다.

그림 그리기나 모방 놀이에서도 성적 호기심이 나타날 수 있습니다. 여자아이가, 엄마의 가슴을 크게 그리거나 남자아이가 서서 소변을 보는 모습을 따라하는 것은 호기심에서 비롯된 자연스러운 행동입니다.

그리고 발기나 배뇨 같은 신체 반응은 건강한 신체 활동이며, 창피하거나 부끄러워할 필요가 없다는 점을 알려주어야 합니다. 단, 다른 사람 앞에서 하는 것은 예의 없는 행동임을 함께 인식시켜야 합니다.

성교육은 단순히 지식을 전달하는 일이 아닙니다. 아이가 스스로의 몸과 타인을 존중하며 성장할 수 있도록, 부모와 교사가 일상 속에서 차분하게 호기심을 받아주고 안내하는 과정입니다.

아이들은 몸과 마음, 생각과 감정을 하루하루 배우며 자라고 있습니다. 성교육은 이미 시작되었습니다. 우리가 아이의 호기심을 안전하게 지켜보고, 필요한 설명과 울타리를 마련해 줄 때 아이는 건강하게, 그리고 행복하게 자신의 몸과 마음을 받아들일 수 있게 됩니다.

아이의 질문이 바로 성교육의 시작

"아직 어린데 성교육이 필요할까요?", "언제부터, 어떻게 시작해야 할까요?"

성교육은 어느 날 갑자기 교과서를 펴고 시작하는 특별한 수업이 아닙니다. 아이가 던지는 작은 질문, 예상치 못한 행동 하나가 바로 성교육의 시작이 됩니다.

점심시간이 끝나갈 무렵, 어린이집 화장실 앞에서 민희의 울음소리가 들려왔습니다.

"화장실 문 밑으로 승규가 나를 보려고 했어요."

민희의 얼굴에는 당황과 속상함이 섞여 있었습니다, 문 앞에는 같은 반 네 살 승규가 서 있었습니다.

"승규야, 왜 그랬어?"

내가 조심스럽게 묻자, 승규는 해맑게 웃으며 대답했습니다.

"그냥요. 재미있어서요."

나는 숨을 고르며 아이에게 설명했습니다.

"민희는 자신의 소중한 몸을 다른 사람이 보는 게 싫대. 만약 누군가가 승규 몸을 몰래 본다면 기분이 어때?"

"싫어요."

승규는 망설임 없이 답했고, 이내 민희에게 진심 어린 사과를 했습니다.

다행히 이러한 일은 더 이상 반복되지 않았습니다. 승규의 행동은 순수한 호기심과 장난에서 비롯된 것이었습니다. 승규의 작은 호기심과 장난 속에도 배움의 기회가 숨어 있었습니다.

영유아기야말로 성교육을 시작하기 가장 적절한 시기입니다. 아이는 태어날 때부터 성별을 가지고 태어나며, 생리적 반응도 나타납니다. 성교육은 자기 몸을 소중히 여기는 법, 다른 사람의 경계를 존중하는 법, 건강한 성 가치와 태도를 형성하는 법까지 포함됩니다.

영유아기의 성 행동은 대부분 장난, 호기심, 애정 표현입니다. 친구에게 뽀뽀하거나 껴안는 행동, 남녀 신체 차이를 궁금해하는 행동, 동생 기저귀를 만져보려는 시도, 목욕 시간에 부모의 몸을 보려는 행동⋯ 모두 아이가 세상을 탐색하며 표현하는 자연스러운 과정입니다.

부모가 놀라며 꾸짖으면 아이는 '몸'과 '성'을 부끄럽고 숨겨야 하는 것으로 받아들입니다. 반면에 너무 가볍게 넘기면 성을 장난이나 가벼운 것으로 여기게 됩니다. 그래서 부모의 반응과 태도, 언어가 무엇보다 중요합니다. 아이는 어른의 말보다 행동을 더 잘 배우기 때문이지요.

성교육은 일상 속에서 이루어집니다. 부모가 서로를 존중하며 대할 때, 아이의 몸을 씻겨주며 "여기 네 소중한 몸이야"라고 말해줄 때, 친구와 장난을 치다가 "친구가 싫어할 수도 있어. 그럴 땐 어떻게 해야 할까?" 하고 함께 생각해줄 때, 바로 그 순간이 곧 성교육입니다.

신체 명칭을 올바르게 알려주는 것도 중요한 첫걸음입니다. 팔, 다리, 눈, 입을 가르치듯 성기도 '음경', '음순', '성기', '생식기'라고 자연스럽게 알려주어야 합니다. 민망함이나 부끄러움이 아이에게 전해지면, 그곳은 부정적이고 이상한 부위라는 잘못된 인식을 심어줄 수 있습니다.

아이의 행동에는 이유가 있습니다. 성별을 알고 싶어서, 친구와 가까워지고 싶어서, 단순히 재미있어서일 수 있습니다. 때로는 성기를 만지는 행동이 가려움이나 불편함 때문일 수도 있고, 스트레스나 불안을 해소하기 위한 방법일 수도 있습니다.

그런 행동이 한두 번 나타나고 사라진다면 걱정할 필요는 없습니다. 하지만 은밀하게 반복되거나 다른 놀이보다 성 행동에만 몰두한다면, 관찰과 전문가 상담이 필요할 수 있습니다.

가정에서 활용하면 좋은 그림책 몇 권을 소개합니다, 비룡소 출판사의 『내 동생이 태어났어요』, 『소중한 나의 몸』, 『나는 여자 내 동생은 남자』, 『너랑 나랑 뭐가 다르지?』, 『종이 봉지 공주』, 보림 출판사의 『엄마가 알을 낳았대!』, 파랑새 출판사의 『엄마 씨앗 아빠 씨앗』, 천개의 바람 출판사의 『좋아서 껴안는데, 왜?』, 문학동네 출판사의 『이럴 땐 싫다고 말해요』 등의 동화책을 통해 자연스럽게 성교육을 하는 것도 좋은 방법이라고 생각합니다.

성교육은 단지 몸에 대한 지식이 아닙니다. 관계, 경계, 존중, 감정 표현까지를 망라한, 결국 성은 아이가 인간관계와 사회적 기술을 배우는 힘과 연결됩니다. 아이에게는 질문해도 괜찮고, 자기 마음을 말해도 되는 정서적으로 안전한 부모가 필요합니다.

성은 삶의 일부이고, 삶은 관계의 연속이기 때문입니다. 오늘도 아이는 부모를 보고 배웁니다. 그러니 성교육도 '가르치는 것'이 아니라, 함께 살아가는 태도를 보여주는 것에서 시작해 보세요.

우리 아이, 나답게 자라길

아이들을 돌보며 부모님들과 이야기를 나누다 보면 "남자는 울면 안 돼", "여자애가 왜 그렇게 거칠까?", "우리 아들이 인형놀이를 하네요?"와 같은 말들을 자주 듣습니다. 저도 한때는 무심코 그런 말을 했었죠. 하지만 아이들을 가까이서 지켜보면서 깨달았습니다. 아이들의 마음과 행동은 결코 '남자답게', '여자답게'라는 틀 안에 가둘 수 없다는 것을요.

얼마 전, 세 살 유찬이가 분홍색 앞치마를 두르고 소꿉놀이에 한참 몰두해 있었습니다. 아기 인형을 조심스레 안고 젖병을 물리며 다정하게 말했죠.

"우리 아기, 배고팠지?"

그 모습을 본 할머니께서는 놀란 듯 말씀하셨습니다.

"요즘 남자아이들도 이렇게 노는구나?"

나는 미소 지으며 답했습니다.

"아이들은 인형놀이를 하며 돌봄의 마음을 배우고, 공감하고 감정을 표현하는 법도 익힌답니다."

아이들은 놀이를 통해 세상을 배우고, 여러 역할과 감정을 경험하며 자신만의 색깔과 이야기를 만들어갑니다. 그런데 어른들의 고정된 시선, '남자답게', '여자답게'라는 잣대가 아이의 자유로운 마음을 제한할 때가 있습니다.

혹시 우리 아이가 커서 '남자가 인형 가지고 노는 건 이상해'라고 생각하게 된다면, 그건 아이 마음이 아니라 어른들의 기대와 시선이 만든 생각일 가능성이 큽니다. 아이들은 타고난 성과 함께 다양한 성 역할을 배우게 되지요. 그저 자유롭게 세상을 탐색하며 '나'라는 사람을 조금씩 만들어가는 한 사람일 뿐입니다.

부모로서 우리가 할 일은 '남자답게', '여자답게' 가르치는 것이 아니라, 아이가 '나답게' 살 수 있도록 마음의 자유를 허락하고, 그 길을 따뜻하게 응원하는 것입니다. 혹시 아이가 스스로를 제한하는 말을 하고 있지는 않은지 살펴보세요.

"분홍색은 여자색, 파란색은 남자색"이라고 생각하거나 말하나요? '남자는 울면 안 돼, 여자니까 얌전해야지'라고 믿나요? 남자아이가 인형놀이를 하면 놀림을 받거나 제지를 받나요? 여자아이가 공룡이나 로봇 장난감에 관심을 가지면 이상하게 여기나요? "아빠는 돈 벌고, 엄마는 집안일 하는 사람"이라고 설명하나요?

이들 가운데 두 가지 이상이 해당된다면, 아이가 성 역할 고정관념에 영향을 받고 있을 가능성이 높습니다. 그럴 때는 이렇게 부드럽게 이야기해 주세요.

"나는 남자니까 울면 안 돼!"라고 말할 때는 "울고 싶을 땐 언제든 울어도 괜찮단다. 남자든 여자든, 감정은 모두 소중하고 자연스러운 거란다"라고 알려주며, "이건 여자 장난감이잖아"라고 말할 때는 "아이들이 인형놀이를 하며 돌봄과 표현하는 마음을 배우게 된단다. 남자든 여자든 모두에게 꼭 필요한 능력이란다"라고 말입니다.

가정에서도 쉽게 실천할 수 있는 방법이 있습니다. 아이에게 "남자니까 울면 안 돼" 대신 "누구든 힘들면 울어도 괜찮아"라고 말해주는 것만으로도 마음이 한층 자유로워집니다. 요리사, 소방관, 기사님, 간호사 등 성별 구분 없이 다양한 역할놀이를 경험하도록 격려해 주세요. 책과 영상도 함께 살펴 성 역할 고정관념을 강화하는 내용은 피하고, 다양한 모습의 남녀가 등장하는 자료를 읽어주는 것도 좋습니다. 아빠가 설거지를 하고, 엄마가 자동차를 고치는 모습을 보여주는 것만으로도 아이에게 자연스럽게 배움이 됩니다.

타고난 고유의 성은 변하지 않습니다. 다만 성 역할을 제한하지 말아주세요. 부모의 말 한마디와 따뜻한 눈빛 한 번이 아이 마음에 벽을 만들 수도, 날개를 달아줄 수도 있습니다. "너는 너라서 참 좋아." 이 한마디가 아이 마음속에서 성별이라는 틀을 허물고, 온전히 '나답게' 자라날 수 있는 큰 힘이 되어줄 것입니다. 성 역할과 고정관념을 넘어 아이 마음에 자유를 심어주세요.

한때는 영어유치원 원장이었습니다

한때는 영어유치원 원장이었습니다

    한때 나도 영어유치원 원장이었습니다. 2002년부터 2012년까지 10년간 세 살에서 다섯 살까지의 어린이와 초등학생을 대상으로 한 영어학원을 운영했습니다. Kindergarten과 Elementary School 과정으로 나누어, 원어민 교사와 한국인 교사, 그리고 연령별 담당 교사와 함께 나름 체계적으로 수업을 진행했습니다.
    작은 민간 어린이집 원장을 했던 나는 '유아교육도 잘 하고 영어교육도 잘하면 더 많은 돈을 벌 수 있겠다'는 포부로 영어학원을 열었습니다. 처음에는 발달 단계와 교육적 가치를 고려하여 영어 학습을 재미있게 해주고 싶었습니다. 그러나 현실은 달랐습니다. 고액의 수업료를 지불하는 부모님들은 지불한 비용 이상으로 눈에 보이는 성과를 원하셨습니다, 자연스레 교육의 방향은 아이가 아닌 부모님을 만족시키는 방법으로 옮겨갔습니다.
    어린이집이나 유치원은 정부의 관리·감독을 받기 때문에 인가 기준과 교사의 자격 요건이 엄격합니다. 구체적이고 세밀한 시설 기준에 맞춰야 인가를 받을 수 있습니다. 교사 임용 또한 반드시 유아교육과나 보육 관련 전공을 이수하고 자격증을 취득해야만 교사로 근무할 수 있지요.

하지만 영어유치원은 '학원'으로 분류되어 관리·감독이 미흡했습니다. 학원은 인가제가 아닌 신고제로 설치 운영 가능하며, 한국인 교사는 전공이나 자격증 없이도 근무할 수 있었습니다. 원어민 교사가 한국에서 합법적으로 근무하려면 E-2 비자를 발급받아야만 했습니다.

E-2 비자의 발급 요건은 대학교 졸업자로서 전공과목과는 무관했습니다. 영어만 가능하면 교사로 채용될 수 있었기에, 믿고 맡길 교사의 채용은 늘 '운에 맡기는 일'이 되었습니다. 설령 좋은 교사를 구해도 높은 원어민 소개 수수료, 왕복 항공료, 체류할 수 있는 집 제공 등 많은 비용이 들었습니다.

그뿐만 아니라 학원 공간 사용에 대한 비용, 즉 높은 임대료나 은행 이자 부담과 등·하원 차량 유지 운행비 역시 학원 운영의 큰 부담이 됩니다. 많은 인원을 모집하기 위해서 대형 차량을 여러 대 운영하는 것은 고스란히 학부모의 지출 부담으로 연결됩니다. 더욱이 학부모에게 학원의 이미지를 보여주는 인테리어와 공간 구성도 무시할 수 없었습니다. 화사하고 세련된 공간, 잘 꾸며진 교실과 활동 공간은 교육적 가치를 고려한 아이들의 학습 환경이 아니라, 부모님에게 '좋은 학원'이라는 이미지를 주는 요소였습니다.

학원 운영 전략 중 하나는 레벨 테스트를 통해 아이들이 더 높은 수준으로 도약하는 듯 이미지를 심어주는 것이었습니다. 부모님의 교육열을 자극해 차별화된 학원으로 돋보이도록 하는 마케팅 전략이었지요.

교육은 백년지대계라 이야기했지만, 현실에서 영어학원은 사업적 접근을 무시할 수 없었습니다. 그 괴리감은 점점 저를 힘들게 했습니다. 결국 10년의 운영을 마치고 다니는 아이들을 위한 졸업식을 정성껏 준비하여 마무리한 후 학원을 폐원했습니다.

돌아보니, 30대 중반의 나는 경제적 성공을 욕망했습니다. 그러나 시간이 흐르면서 깨달았습니다. 교육자의 성공은 나 혼자만의 성취가 아니라, 아이와 부모, 사회가 함께 성장하는 데 있다는 것을 말입니다.

유아기에 가장 중요한 것은 영어 습득이 목표가 아니라 유아기 발달과업과 사회·정서 지능, 그리고 인성 교육입니다. 아이가 행복하게 자라며 자기 자신을 주인공으로 느끼는 것이 진짜 배움의 출발점입니다.

조기 영어교육의 모순도 많이 볼 수 있었습니다. 미국 교과서를 원서로 배우는 프로그램은 모국어 어휘력과 문해력이 충분하지 않은 아이들에게는 효과적이지 않았습니다. 초등학교 3학년 정도가 되어야 비로소 이해가 가능했지요. 그보다 어린 나이에 무리하게 학습을 시작하면 사고력 향상 대신 단순한 암기 훈련의 반복으로 영어 흥미를 잃거나 자신감을 잃는 경우가 많았습니다.

유아기의 집중 시간은 길어야 20분 남짓입니다. Science, Storytelling, Cooking과 같은 이름으로 활동을 재미있게 포장했지만, 실제 수업은 교사 주도적이고 시간표 중심으로 흘러갔습니다. 아이가 스스로 생각하고 표현하며 창의적으로 활동할 여지는 많지 않았습니다.

영어유치원을 선택하는 부모님께 꼭 강조하고 싶은 것은, 아이를 위한 선택이 무엇인지 스스로 점검하라는 말입니다. 많은 부모님이 과거에 충분히 영어를 배우지 못했거나, 영어를 더 잘하지 못했던 경험에서 불안을 느끼고, 그 불안이 아이의 교육 선택에 영향을 미치기도 합니다. 하지만 이제는 AI 기술이 발달하면서 동시통역 앱과 다양한 학습 도구가 손쉽게 활용될 수 있습니다. 단순히 영어로 말하는 능력만을 목표로 삼기보다, 아이의 창의적이고 논리적인 사고력과 표현 능력을 길러주는 것이 더 중요합니다.

영어는 삶의 도구일 뿐입니다. 아이가 행복하게 자라며 자기 자신을 주인공으로 느끼고, 생각을 자유롭게 표현하며 세상을 이해하는 힘을 키우는 것이 진짜 배움의 시작입니다.

학원비, 교재비, 영어 레벨 테스트 결과보다 더 중요한 것은 아이가 경험 속에서 즐겁게 배우는지 여부입니다. 유아기에는 놀이와 정서 경험이 먼저이고, 부모의 사랑과 관심 속에서 자신감을 키우며 성장하는 시간이야말로 진정한 배움의 기초가 됩니다.

플라톤이 본 영어유치원

영유아 교육에서 가장 중요한 것은 무엇일까요? 단순히 지식을 전달하는 것일까요, 아니면 아이가 사람답게 살아가기 위한 기초를 다지는 것일까요?

철학자 플라톤은 교육의 목적을 단순한 지식 전달에서 찾지 않았습니다. 그는 저서 『국가』에서 교육이란 영혼을 무지의 어둠에서 진리와 선의 빛으로 이끄는 과정이라고 했습니다. 『법률』에서는 교육의 궁극적 목표를 선한 인간, 즉 올바른 품성과 덕을 갖춘 시민을 만드는 것이라고 정의했습니다. 다시 말해, 지식이나 기술만 쌓는 것이 아니라, 인간으로서 올바르게 성장하도록 돕는 것이 교육의 본질이라는 뜻입니다.

하지만 요사이에는 '언제 영어 단어를 더 빨리 외우느냐'가 가장 중요한 목표가 되어버렸습니다. 아이의 발달은 무시하고, 부모의 불안과 조급함이 교육을 이끌어가는 경우가 많습니다. 저 역시 영어유치원을 운영하며 수많은 부모님을 만났습니다. 그때마다 "원장님, 지금 영어를 시작하지 않으면 우리 아이가 뒤처지지 않을까요?"라는 질문은 빠짐없이 반복되었습니다. 나는 속으로 물었습니다.

"이 선택은 정말 아이를 위한 것일까, 아니면 부모 자신의 불안을 달래기 위한 것일까?"

실제 연구 결과도 이를 뒷받침합니다. 김은영 육아정책연구소 선임연구위원이 진행한 '영유아기 사교육 경험과 발달에 관한 연구'에 따르면, 영·유아 사교육의 시작 연령은 점점 낮아지고 비용이 증가하고 있지만, 단기적으로 언어 능력이나 어휘력 향상과는 큰 상관이 없는 것으로 나타났습니다. 오히려 과도한 사교육은 아동의 정서, 사회성, 신체 운동, 창의성 같은 전인적 발달을 저해할 수 있다는 분석도 나옵니다.

어린이집에 다니는 두 살 영수와 주민이 사례입니다. 영수는 이름을 불러도 대답을 놓치고, 순서를 기다리는 것에도 어려움을 보입니다. 양치질할 때도 차례를 기다리지 못하고, 친구들과 놀이를 할 때도 쉽게 함께하지 못합니다. 하지만 부모님은 영수가 영어에 관심이 있다고 말씀하십니다. 나는 조심스럽게 "영수에게 지금 가장 필요한 것은 영어가 아니라, 의사소통과 사회성 발달이라고 생각해요"라고 말씀드렸습니다.

한편, 주민이는 언어 발달이 빠르고, 또래보다 말을 조리 있게 잘 합니다. 하지만 친구와 놀이를 하다 보면 양보하지 못하거나 갈등이 잦습니다. 늘 더 많은 관심과 사랑, 인정받고 싶어 하는 모습이 역력합니다. 부모님은 언어가 빠른 주민이를 보고 "영어유치원에 보내야 하는 건 아닐까?" 하고 고민하시지만, 나는 "주민이에게 필요한 것은 영어가 아니라 친구와 소통하며 배려와 공감을 배우는 경험입니다"라고 말씀드렸습니다.

아이를 바라볼 때 우리는 자주 '빨리'라는 단어에 매달립니다. 하지만 빠른 출발이 반드시 완주를 보장하지는 않습니다. 영어는 조기교육보다 적기 교육이 효과적입니다. 비영어 사용국가(ESL 환경)에서는 영어의 결정적 시기가 적용될 수 없습니다. 영유아기는 언어, 사회성, 정서가 고르게 자라야 하는 시기입니다. 이 과정을 충분히 거치지 않고 영어 학습에 치중한다면 발달의 균형이 무너질 수 있습니다. 중요한 것은 속도가 아니라 방향과 시기입니다.

사실 아이의 성장은 집을 짓는 과정과도 닮아있습니다. 값비싼 자재를 사용하여 멋진 인테리어를 하더라도 기초가 부실하다면 그 집은 쉽게 무너집니다. 성경에 나오는 비유처럼 반석 위에 지은 집은 비바람에도 흔들리지 않지만, 모래 위에 지은 집은 쉽게 무너집니다. 신체·언어·사회·정서 발달에 맞는 기초가 단단할 때 영어교육도 안전하게 제 역할을 할 수 있습니다. 영어는 그 과정에서 만나는 도구일 뿐입니다.

앞으로의 시대는 영어 한두 마디를 잘하는 아이보다, 문제를 새롭게 바라보고 협력하며 해결책을 찾아내는 아이가 더 큰 힘을 발휘하게 될 것입니다. 따라서 우리가 아이에게 물려주어야 할 것은 영어 한두 마디가 아니라 삶의 방향입니다.

    부모의 불안이나 남의 시선을 따라가기보다, 아이의 영혼이 스스로 자라날 시간을 기다려 주세요. "이 선택이 정말 아이를 위한 걸까, 아니면 내 불안을 달래기 위한 걸까?" 잠시 멈추어 자신에게 물어보는 그 짧은 순간이, 아이에게는 가장 안전하고 단단한 길이 됩니다. 조급함을 내려놓고 아이의 속도를 존중하며, 지금 이 순간 아이에게 필요한 것을 채워주는 것이 아이의 영혼을 단단히 세우는 진정한 교육의 길이자 부모의 지혜입니다.

피아제에게 배우는 아이의 성장과 배움의 계절

"우리 아이는 요즘 영어학원에서 파닉스도 배우고, 한글도 끝냈어요. 수학은 선생님이 지금 속도라면 초등 1학년 선행도 가능하다고 해요!"

4세 아이를 둔 한 부모님의 이야기입니다. 말 속에는 자랑스러움이 묻어 있었지만, 그 이면에는 '우리 아이가 잘하고 있구나'라는 확인을 받고 싶은 마음도 느껴졌습니다. 요즘 부모들 사이에서는 '4세 고시', '7세 고시'라는 말까지 돌지요. 아이 키우는 일이 시험처럼, 경쟁처럼 느껴지는 현실이 안타깝습니다.

지금 우리 아이는 진짜 배울 준비가 되어 있을까요? 스위스의 심리학자 장 피아제는 아이를 '작은 과학자'라고 불렀습니다. 아이들은 단순히 지식을 주입 받는 존재가 아니라 스스로 탐색하고 구성하며 배우는 능동적 존재라고 보았습니다.

피아제는 아이의 인지 발달을 네 단계로 나누었습니다. 그중 만

2세에서 7세까지의 시기를 '전조작기'라고 부릅니다. 이 시기 아이들은 상징적으로 생각할 수는 있지만, 아직 논리적 사고는 미숙합니다. 다시 말해 "왜?"라는 질문보다 "그냥 좋아서!"라는 대답이 더 자연스러운 때이지요.

예를 들어, 4세 유진이는 시장놀이에서 엄마에게 줄 선물로 반짝거리고 소리 나는 장난감 자동차를 골랐습니다. "엄마가 이거 정말 좋아할 거예요!"라고 자신 있게 말했지요. 유진이에게는 이 장난감이 세상에서 가장 멋진 것이기에, 아직 엄마의 마음을 온전히 헤아리기 어려운 것입니다. 자기중심적 사고가 자연스러운 시기이기 때문입니다.

현주는 미끄럼틀에서 넘어져 울며 이렇게 말했습니다.

"미끄럼틀이 나 때렸어…"

전조작기 아이들은 사물에도 감정이 있다고 믿는 '물활론적 사고'를 합니다. 이렇듯 이 시기의 아이들은 숫자나 글자보다 감정과 감각으로 세상을 살아갑니다.

그렇다면 아직 이런 사고 단계에 있는 아이에게 조기 선행학습을 강제로 시켜도 될까요? 피아제는 아이가 세상을 배우는 과정을 '도식schema'이라는 말로 설명했습니다. 아이는 경험을 통해 자신만의 생각 틀을 만들고, 그 틀에 새로운 경험을 맞추거나(동화), 맞지 않으면 틀을 바꾸며(조절) 성장을 이어갑니다. 그런데 아직 도식이 충분히 쌓이지 않은 아이에게 너무 이른 지식을 억지로 넣으면, 마치 뿌리 내리지 못한 채 떠다니는 나무처럼 제대로 자리 잡지 못합니다. 겉으로는 잘 따라가는 것처럼 보여도 실제로는 개념이 뿌리 내리지 못하는 경우가 많습니다.

유명 영어학원 강사님이 직접 들려주신 이야기입니다. 세 살 아이가 2년 동안 배운 영어 수준은 초등학교 1학년 아이가 6개월 정도면 터득할 수 있고, 세 살부터 영어를 배운 아이가 1학년 때부터 배운 아이와 몇 년 후 레벨이 같은 반에서 함께 배우는 경우도 많다고 합니다.

학습지를 풀던 5세 아이가 있었습니다. 자꾸 틀리자 엄마는 답답해했고, 아이는 점점 자신감을 잃었습니다. 어느 날 그 아이가 조용히 말했습니다.

"나는 머리가 나빠서 공부를 못 해…"

아직은 놀면서 배우는 게 더 자연스러운 시기인데, '앉아서 외우는 학습'이 아이에게 실패 경험만 쌓아 준 것입니다.

조기 선행학습이 아이의 미래를 보장한다고 믿는 부모님도 많습니다. 그러나 준비되지 않은 사고 구조 위에 억지로 올린 학습은 오히려 여러 부작용을 낳습니다. 학습 흥미를 잃고 반복과 평가에 지치며, 자존감이 낮아지고, 또래와 어울리며 노는 시간이 줄어들어 사회성 발달까지 늦어집니다. 무엇보다 스스로 탐색하고 생각하는 힘, 즉 창의력이 꺾일 수 있습니다.

아이의 배움은 씨앗이 흙 속에서 뿌리를 내리듯이 충분한 경험과 놀이 위에서 차근차근 자라야 합니다. 작은 뿌리가 튼튼해야 나중에 큰 나무가 되어 열매를 맺듯, 아이의 배움도 기반이 단단해야 제대로 성장합니다.

지금은 아이가 마음껏 놀고, 느끼고, 경험하며 배움의 성향을 길러 가는 시간입니다. 책을 좋아하는 마음, 탐색을 즐기는 태도, 친구와 어울리려는 기쁨이야말로 훗날 아이의 역량을 키워 줄 씨앗이 됩니다.

부모가 할 수 있는 가장 큰 선행은 조급하게 지식을 주입하는 것이 아니라, 아이에게 맞는 계절을 기다려 주는 것입니다. 봄이 와야 꽃이 피고, 여름 햇살을 받아야 열매가 맺히듯 아이의 배움에도 저마다의 때가 있습니다.

아이가 뿌리를 내리고 싹을 틔우는 소중한 시간을 믿고 지켜봐 주세요. 부모의 기다림과 신뢰가 아이에게는 가장 든든한 양분이 됩니다.

언어는 사랑처럼 자라납니다

"해외여행 가서 아이가 자연스럽게 영어로 말했으면 좋겠어요.", "비싸긴 해도 소수 정원이라 케어가 잘 될 것 같아요.", "우리 아이가 영어에 관심이 많거든요.", "언어 발달이 빠른 편이라서 지금 시작하는 게 좋을 것 같아요.", "초등학교 들어가서 뒤처질까 걱정돼요." …

조기 영어교육을 선택하는 부모님의 마음은 저마다 다르지만, 그 속을 들여다보면 모두 하나로 모입니다. 아이를 향한 깊은 애틋함, 아직 보지 못한 세상 앞에서 아이가 뒤처지지 않기를 바라는 마음. 그 진심을 누가 모르겠습니까.

하지만 언어는 단순히 빨리 시작한다고 더 잘 자라는 영역이 아닙니다. 특히 삶의 첫 장을 써 내려가는 영유아기에는 언어의 시작이 '빠름'보다 '깊음'이어야 합니다.

언어는 '입'보다 먼저 '마음'에서 자랍니다. 세 살부터 영어유치원에 다니던 준우는 다섯 살에 일반 어린이집으로 옮겨 왔습니다. 영어 단어 시험과 문장 암기를 반복하던 환경에서 벗어나 이제는 친구들과 한국어로 전래놀이도 즐겁게 합니다.

그런데 친구와 다툼이 생기면 준우는 입을 꾹 다문 채 혼자 웅크리고 있습니다. 작은 갈등에도 준우는 눈물을 보입니다. 사소한 일에도 서운함을 느끼고 토라집니다. 속상한 마음을 말로 풀어낼 방법을 알지 못했던 겁니다.

아이의 언어는 단어의 양이 아니라, 마음을 담을 수 있는 그릇입니다. 러시아의 심리학자 비고츠키는 언어를 단순한 의사소통 수단이 아니라, 사고와 정서를 형성하는 매개라고 말했습니다. 언어는 놀이 속에서, 관계 속에서, 살아 있는 문맥 속에서 자랍니다.

피아제 역시 언어는 인지 발달의 수준에 따라 형성된다고 보았습니다. 뜻도 모르는 'agree'라는 단어를 외우는 것보다, 친구와 의견이 달라 실랑이를 벌이고, 조율하고, 화해하는 경험이 먼저입니다. 그 경험 속에서 '동의'라는 개념이 마음에 자리 잡고, 그 위에 언어가 피어나는 것이지요.

언어는 지식이 아니라 관계입니다. 미국의 교육심리학자 브루너는 언어 발달이 타인과의 상호작용 속에서 일어난다고 말했습니다. 아이들은 애착 있는 사람과 눈을 맞추고, 마음을 주고받으며 언어를 익혀갑니다.

조기 영어교육이 문제되는 지점은 바로 여기에 있습니다. 자연스러운 대화가 학습 중심의 '교육 활동'으로 대체될 때, 언어는 감정의 통로가 아니라 성과의 도구가 됩니다. "고액의 수업료를 냈으니 결과를 봐야죠." 이 말은 결코 비난만 할 수는 없습니다. 부모라면 누구나 가질 수 있는 마음입니다.

하지만 이런 기대는 종종 아이의 언어 교육을 '보고서 작성'처럼 만들어버립니다. 포트폴리오, 단어 시험, 영어 발표 영상 등으로. 아이들은 '이야기하고 싶은 마음'을 키우지 못한 채 '보여줘야 할 말'을 연습하게 됩니다. 결과는 명확합니다. 말은 많지만 대화는 없는 아이가 생깁니다. 언어는 반복보다 맥락 속 의미 있는 사용으로 자라는 능력이라는 사실을 잊지 말아야 합니다.

언어 발달의 시작은 언제나 '모국어'입니다. 영유아기의 언어는 모국어로 깊어져야 합니다. 우리말은 아이의 감정을 정돈하고, 타인의 마음을 이해하게 만드는 언어입니다. 감탄사, 의성어, 형용사, 감정 어휘가 풍부한 한국어는 아이의 사고와 정서를 확장하는 든든한 뿌리입니다.

실제로 영어유치원에서 단어 암기와 회화 훈련을 받던 아이들이 한국어 표현이 부족해 또래 관계에서 어려움을 겪는 사례는 많습니다. 유창한 영어 문장을 외우지만 "속상했어요", "기분 나빴어요" 같은 말은 제대로 하지 못합니다. 이들에게 부족한 것은 영어가 아니라 '마음의 언어'입니다.

미국의 언어학자 촘스키가 말한 바와 같이, 유아기는 언어 습득 장치^{LAD}가 가장 활발히 작동하는 시기입니다. 이 시기에 모국어로 정서적 소통과 풍부한 경험이 쌓여야 외국어도 삶과 연결되는 도구로 받아들일 수 있습니다.

유아기의 '잠깐의 뒤처짐'은 문제 되지 않습니다. 조기 영어교육을 받은 아이들이 초등학교 입학 초기에는 다소 유리해 보일 수 있습니다. 그러나 대부분 2~3년 안에 그 차이는 자연스럽게 줄어듭니다. 언어는 꾸준함과 자기 동기 속에서 자라기 때문입니다. 오히려 모국어 기반이 탄탄하고 자존감이 높은 아이들은 새로운 언어도 금세 따라잡습니다. 배움에 있어서 중요한 것은 '뒤처짐'보다 필요할 때 도움을 요청할 힘과 자신의 리듬을 존중할 수 있는 태도입니다.

반면에 유아기에 외국어 성과에 쫓기고 긴장한 경험이 반복되면 영어는 '재미있는 도구'가 아니라 '압박의 상징'이 됩니다. 그런 아이에게 언어는 더 이상 다가가고 싶은 세계가 아닌, 피하고 싶은 대상이 되어버립니다.

유아기 교육의 본질은 '전인교육'입니다. 지금 우리 아이에게 진짜 필요한 것은 몇 개의 영어 단어가 아닙니다. 자신의 감정을 말할 수 있는 언어, 타인을 이해하는 마음, 스스로 선택하고 행동할 수 있는 힘. 이 모든 것이 삶의 기초를 이루는 자질입니다.

"왜 속상했는지 말해줘서 고마워", "그랬구나, 네 마음 이해가 돼"와 같은 부모의 공감 어린 말 한마디가 아이에게는 영어 단어 100개보다 더 깊은 힘이 됩니다. 이런 대화가 일상이 될 때 아이는 언어를 통해 자신을 세우고, 세상을 만납니다.

언어는 삶 속에서 사랑처럼 자라납니다. 단어를 외우기보다 마음에 말을 심어주세요. 그 말이 아이 안에서 살아 움직이고, 누군가의 마음에 닿을 때 비로소 어떤 언어든 아이의 언어가 됩니다.

아이가 걸음을 늦출 권리:
델따쥬와 사교육의 그림자

"원장님, 혹시 '델따쥬'를 아시나요?"

강남에 사시는 최 교수님께서 조심스레 물으셨습니다. 처음 듣는 단어라 나는 머릿속이 분주해졌습니다. '영어? 불어? 아니면 요즘 뜨는 브랜드 이름?' 웃음을 참으며 결국 되물었습니다.

"글쎄요, 처음 들어보는 단어인데요. 델따쥬가 뭐에요?"

교수님은 잠시 웃으시더니 말씀하셨습니다.

"학원 밀집 지역에서 아이들을 A학원에서 B학원으로, 다시 다음 학원으로 데려다주는 '라이딩 전문차량'을 말해요. 아이들이 정말 고생하더라고요."

머릿속에는 바로 익숙한 풍경이 떠올랐습니다. 배낭 하나 메고 학원 앞에서 다음 수업을 기다리는 아이, 손을 꼭 잡은 채 차량에 오르는 작은 발걸음, 수업이 끝나자 또 다른 학원으로 이동하는 아이와 그 옆에서 지친 표정으로 아이를 바라보는 부모님과 기사님들. 그 모습이 눈앞에 선했습니다.

절친한 학교 후배 혜원이가 들려준 이야기가 떠올랐습니다.

"원장님, 기저귀를 차고 이제 겨우 앉기 시작한 아이에게 가위질을 가르치러 방문 선생님이 온대요."

아이가 아직 걷지도 못하고, 말을 겨우 배우는 시기이지만, 이미 엄마가 준비한 '학습 계획'에 맞춰 움직이는 상황입니다. 엄마가 집에서 놀이로 충분히 발달을 도울 수 있음에도 불구하고 말입니다.

과연 누구를 위한 교육일까요? 무엇 때문에 아이를 이토록 바쁘게 움직여야 할까요? 이런 교육 열풍은 장기적으로 아이에게 큰 부담으로 돌아오고, 행복보다는 성취만을 좇게 만드는 구조입니다.

6년 전 SBS '영재발굴단'에 출연한 수학 천재 이정우 군을 기억하시나요? 생후 100일에 숫자를 익히고, 여섯 살에 미적분까지 풀어냈던 그 아이는 많은 주목을 받았지만, 지금은 자신의 유튜브 채널에서 이렇게 말합니다.

"망가지고 있어서 죄송합니다. 기대에 미치지 못해서 죄송합니다. 사실 요즘은 내가 뭘 해도 되는 건지, 뭘 말하면 안 되는 건지 혼란스러워요."

명문대 재학생 진희의 사례도 있습니다. 상담 중 그녀는 이렇게 털어놓았습니다.

"사는 이유를 모르겠어요. 어릴 때부터 '최소한 SKY 대학은 나와야 한다'고 가족 모두가 말했거든요. 그래서 죽도록 공부했어요. 그런데 막상 와보니 공허함밖에 남지 않아요."

그녀의 말을 들으며 "타자의 욕망을 욕망한다"라는 라캉의 말이 떠올랐어요. 인간의 욕망이 단순히 자신이 원하는 것이 아니라, 타자가 원하는 것을 반영하며 형성된다는 말이죠. 부모는 사회가 원하는 '좋은 부모상'을 쫓으며 욕망하고, 그 욕망이 그대로 아이에게 투사되어 결국에는 아이가 스스로 무엇을 원하는지 알기도 전에 부모의 욕망을 욕망하도록 강요받게 되는 것이지요.

부모가 "우리 아이는 남들보다 더 빨리, 더 높이"라는 사회적 기대 속에서 욕망하면, 아이 또한 자신도 모르게 그 기대를 따라 움직이게 됩니다. '델따쥬'를 타고 학원을 오가는 아이들의 작은 발걸음 속에는 아이 자신의 의지보다 부모와 사회의 욕망이 투영되어 있는 게 아닐까요?

부모가 할 일은 조금 더 빨리 배우게 하는 것이 아니라, 아이가 자신의 발걸음을 조절하며 걸을 수 있게 기다려주는 것입니다. 잠깐 멈춰서, 아이가 공원 모래밭에서 발을 구르며 웃는 모습을 천천히 지켜보세요. 이런 작은 순간 속에서 아이의 행복이 시작됩니다.

아이도 '행복할 권리'가 있습니다. 아이도 '존중받을 권리'가 있습니다. 그리고 무엇보다 아이 스스로 원하는 것을 선택하며 느긋하게 성장할 권리가 있습니다. 부모가 조금만 욕심을 내려놓고 기다려주는 것, 그것이 아이에게 가장 큰 선물입니다.

마음에서 자라는 아이의 진짜 성장

혹시 '페리 프리스쿨 프로젝트Perry Preschool Project'를 들어보셨나요? 1962년부터 1967년까지 미국에서 진행된 연구로, 3~4세 빈민층 아동 128명을 대상으로, 아이의 성장과 학습 환경이 삶에 어떤 영향을 미치는지를 살펴본 실험입니다.

연구팀은 아이들을 세 집단으로 나누어 교육 방식을 달리했습니다. A집단은 언어, 수학, 독서 등 전통적인 학습 중심 교육, B집단은 동물원 견학, 토론, 사회적 기술 개발 등 전통적 보육 프로그램. 그리고 C집단은 음악, 운동, 언어, 문해력, 논리, 수학 등 다양한 활동 중 아이가 스스로 관심 있는 것을 선택하고 계획을 세워 주도적으로 참여했습니다.

놀라운 점은, 40년 후 삶의 거의 모든 영역— 학업, 취업, 소득, 결혼, 범죄율 —에서 가장 긍정적인 결과를 보인 집단이 C집단, 즉 아이 주도적 학습을 경험한 아이들이었다는 것입니다. IQ 점수는

A집단과 C집단이 비슷하게 높았지만, 실제 삶에서 의미 있는 차이는 정서적 안정, 자기 조절력, 자존감, 회복 탄력성 같은 비인지 능력에서 나타났습니다.

이 연구가 우리에게 전하는 메시지는 명확합니다. 공부만 잘한다고 해서 성공적인 삶을 보장하지 않습니다. 스스로 감정을 이해하고 조절하며, 좌절해도 다시 일어설 수 있는 힘이 진짜 성장의 열쇠입니다.

반복해서 말하지만, 부모로서 우리가 해줄 수 있는 일은 거창하지 않습니다. 일상 속 작은 경험이 아이의 비인지 능력을 키우는 씨앗이 됩니다. 장난감이나 놀이를 아이가 스스로 선택하게 해주세요. 숲에서, 모래밭에서, 공원에서 충분히 걷고, 달리고, 자전거도 타면서 놀아주세요. 함께 식사 준비도 하고, 동화책을 부모님의 목소리로 들려주세요.

이런 작은 경험들이 쌓이면, 아이는 자연스럽게 주도성, 책임감, 자기 조절력, 회복 탄력성을 배우게 됩니다. 아이의 성장은 학습뿐만 아니라, 안전하고 따뜻한 환경 속에서 이루어집니다. 부모와 교사가 만들어 주는 환경이 아이의 마음과 삶의 질을 결정합니다. 아이에게 선택과 주도권을 허락하는 하루하루가 아이의 진짜 성장과 행복으로 이어지는 길입니다.

영유아기, 안전과 마음 모두 중요해요

영유아기는 안전한 돌봄이 필요하지요. 아이가 사랑과 관심 속에서 자랄 수 있는 환경을 갖추는 것은 부모와 교사의 기본 책임이죠. 할머니, 할아버지가 사랑으로 손주를 돌볼 때라도 가끔은 넘어지거나 부딪히기도 합니다. 그렇다고 어린이집, 유치원, 영어학원 등 특정한 기관이 더 안전하다고 단정할 수는 없습니다.

어린이집에서는 매년 교사들이 꼭 이수해야 하는 법정 필수 교육만 22가지나 됩니다. 그중 안전 관련 교육이 11가지예요. 실종·유괴 예방, 교통안전, 재난 대비, 감염병 예방, 약물 오남용 예방, 영·유아 돌연사 증후군, 등·하원 안전, 성행동 문제 예방, 고농도 미세먼지·오존 대응 등. 이렇게 철저히 준비하지만 크고 작은 사고는 언제든 일어날 수 있습니다. 순식간에 벌어지는 아이들의 위험 행동, 잠깐의 부주의, 혹은 교사와 부모 사이의 소통 차이 때문이죠. 고액의 학원 수업료가 곧 안전을 보장한다고 기대하는 것은 조금 위험합니다.

부모님들은 흔히 눈에 보이는 작은 상처에는 민감합니다. 작은 긁힘이나 멍만 보여도 걱정하고 마음이 흔들리지요. 그런데 마음과 뇌에 남는 상처, 즉 정서적 경험에서 오는 상처에는 상대적으로 둔감할 때가 많습니다. 아이의 마음이 상하거나, 관계 속에서 좌절감을 느낄 때 생기는 상처는 눈에 보이지 않지만, 오히려 성장과 발달에 깊은 영향을 줍니다.

또, 언어 교육에서도 놓치기 쉬운 부분이 있습니다. 유아에게 뜻도 모르는 영어 단어의 스펠링을 외우고 쓰게 하는 학습은 사실상 무의미합니다. 단어를 외우는 것은 쉽지만, 마음을 표현하거나 타인의 마음을 이해하는 능력은 길러지지 않습니다. '인정하다', '동의하다', '무례하다' 같은 우리말의 뜻조차 모르는 아이에게 단어 시험을 보는 영어 학습은 아이에게 단순히 '시험을 보는 기술'만 남기고, 진짜 언어 능력과 감정 표현 능력은 자라지 않습니다.

영유아기 교육 기관을 선택할 때는 화려한 프로그램이나 높은 수업료보다 아이의 안전과 마음, 언어가 함께 성장할 수 있는 환경인지 먼저 살펴야 합니다. 아이가 마음껏 표현하고, 실수해도 이해받고, 적절히 지도받는 경험을 할 수 있는 곳이야말로 전인교육이 가능합니다. 결국, 올바른 선택은 물리적 안전 + 정서적 안전 + 의미 있는 언어 경험을 모두 제공하는 곳입니다. 아이가 안전하게 보호받으며, 자신의 마음을 표현하고, 타인을 이해하며, 건강하게 성장할 수 있는 환경. 그 안에서 아이는 단어 하나보다 더 큰 세상을 배우고, 삶의 기초를 단단히 쌓을 수 있습니다.

최근 미국 행동유전학자가 던진 "공부 잘하려면 타고나야 한다"는 말을 혹시 들으신 적 있나요? 한국에서 '7세 고시, 4세 고시'까지 치르는 교육열 속에서 많은 부모가 아이가 타고난 공부 유전자를 놓치면 어떡하나 걱정하곤 합니다. 하지만 여기서 놓치지 말아야 할 사실이 있습니다. 유전자가 아무리 강해도, 아이가 공부와 삶에서 최선을 다하며 성장하도록 길을 열어주는 것은 부모의 역할입니다. 부모의 삶과 태도가 아이에게 미치는 영향은 눈에 보이지 않지만, 아이의 미래를 바꾸는 숨은 유전자와도 같습니다.

미국 심리학자 앤젤라 더크워스가 강조한 '그릿grit', 즉 포기하지 않고 한 길을 걸어가는 마음의 근육을 길러 끝까지 해내는 힘이 중요합니다. 열정과 끈기가 원동력이 될 것입니다. 성취는 단순히 재능의 산물이 아닙니다. 기술과 노력이 곱해질 때 성취가 나오고, 기술 역시 재능과 노력의 곱입니다. 재능과 유전이 아무리 강해도, 아이가 그것을 발현하도록 도와주는 건 부모입니다.

그럼 부모는 어떻게 해야 할까요? 바로 생활 속 모델링입니다. 책 읽는 모습을 보여주는 것, 규칙적인 생활과 약속 지키기, 서로 배려하고 존중하는 모습. 이 모든 작은 행동이 아이에게 자연스럽게 스며들어 습관이 됩니다. 부모가 삶에서 스스로 도전하고 성장하는 모습을 보면서 자란 아이는 노력의 가치를 배우고, 시도하고, 실패하며, 성장하는 법을 배웁니다. 부모에게 결과나 점수 중심으로 평가받으며 성장한 아이는 실패를 두려워하고 쉽게 포기하게 될 것입니다.

    부모가 되는 순간부터 아이에게 물려주는 가장 큰 유전자는 부모의 태도와 생활 습관입니다. 재능보다 중요한 건 아이가 도전하고 성장할 수 있도록 길을 열어주는 부모의 삶입니다. 작은 습관과 태도의 힘, 그것이 아이의 미래를 바꾸는 가장 큰 힘입니다.

아이의 뇌가 부르는 작은 침묵,
스마트기기 너머를 바라보다

요즘 아이들은 태어나면서부터 스마트폰, 태블릿, TV 같은 디지털 기기와 함께 자랍니다. 어른들은 흔히 "세상이 변했으니 어쩔 수 없다"고 말합니다. 맞는 말이기도 하지만, 매일 아이들과 지내는 제 눈에는 변화 속에 숨어 있는 작은 위험이 또렷하게 보입니다. 아이들의 눈빛에는 세상의 모든 것을 배우고 느끼려는 호기심이 반짝입니다. 그런데 그 눈빛이 화면 속 이미지에 머물러 있을 때 아이의 뇌와 마음은 조용히 '작은 침묵'을 경험합니다.

영유아기, 특히 0~3세는 뇌가 가장 빠르게 성장하는 시기입니다. 하버드 의대 '아동뇌발달연구소'는 이 시기의 뇌 발달이 사람과의 교감 속에서 이루어진다고 강조합니다. 아이의 눈을 바라보고, 부드러운 목소리로 이야기를 나누고, 손을 잡고 뛰노는 경험들이 아이의 뇌 속 씨앗이 됩니다. 반면에 화면 속 반응 없는 이미지와 소리만 있는 세상은 햇살 없는 흙과 같습니다. 아이가 직접 질문하고 부모가 답해 주는 과정 속에서만 언어와 감정이 자라납니다.

　연구에 따르면, 영상 속 목소리는 아이의 뇌에 깊이 각인되지 않아 언어 발달에 부정적 영향을 줄 수 있습니다. 하루 1~2시간 이상 화면에 노출되는 아이들은 말이 늦거나 주의력 결핍 증상을 보이는 경우가 많습니다. 캐나다 소아과 학회는 2세 미만 영아에게 스크린 노출을 최대한 피하라고 권고합니다. 미국 질병통제예방센터CDC 역시 언어 발달 지연과 학습 장애가 단순 유전적 요인만이 아니라 충분한 사회적 상호작용 부족과 관련 있다고 설명합니다.

　장시간 화면 앞에 앉아 있는 생활은 신체 건강에도 흔적을 남깁니다. 운동 부족으로 비만이 생기고, 시력이 나빠지며, 수면 리듬이 깨지는 일이 생깁니다. 특히 블루라이트는 수면 호르몬 멜라토닌 분비를 억제하고, 성장 호르몬 분비에도 영향을 줍니다. 어릴 때 충분히 뛰놀고 자연을 경험한 아이와, 화면 속 세상에서 자란 아이의 눈빛과 몸 상태는 확연히 다릅니다. 전자는 호기심으로 반짝이고, 후자는 가끔 힘없이 화면을 응시하며 피곤한 기운을 보이곤 합니다.

　사회성과 정서 발달도 화면 속에서는 자라기 어렵습니다. 아이들은 친구와 놀이하고 부모와 감정을 나누며 타인의 마음을 읽고 자기감정을 조절하는 법을 배웁니다. 하지만 화면 앞에서만 시간을 보내면 이러한 능력은 자라기 어렵습니다.

　외식 자리에서 이런 장면을 본 적이 있습니다. 옆 테이블의 아이들은 각자 작은 화면 속으로 빠져 있었고, 부모들은 휴대폰에 시선을 고정하고 있었지요. 반면에 우리 소정이는 엄마가 준비한 색칠공부 책과 스티커 놀이에 눈을 반짝이며 참여했습니다. 아이는 자신의 생각과 감정을 말했고, 엄마는 그것을 사랑으로 받아주었습니다. 화면 속 자극과는 비교할 수 없는 교감의 힘을 느낄 수 있었습니다.

디지털 기기는 편리하고 흥미롭습니다. 하지만 아이의 뇌와 몸에 미치는 영향은 가볍지 않습니다. 가정은 아이의 첫 번째 학교이자 평생 가장 큰 영향을 주는 터전입니다. 부모인 우리 자신을 향해 던지는 질문입니다.

"오늘 내 아이는 몇 분이나 사람과 눈을 맞추었을까?"

"내 아이가 듣는 소리는 과연 마음을 담은 목소리일까?"

"내 아이의 몸은 충분히 움직이고 활기차게 뛰놀고 있을까?"

아이의 뇌와 몸은 눈에 보이는 빛보다 마음으로 전해지는 사랑을 오래 기억합니다. 오늘, 아이의 하루 속 작은 손길과 목소리로 사랑을 전하는 일이 무엇보다 중요합니다. 아이들이 밖에서 뛰놀고, 자연과 교감하며 오감을 발달시키는 시간을 충분히 가질 수 있기를 간절히 바랍니다.

미래 역량 있는
아이 키우기

스티브 잡스처럼, 내 아이의 미래 역량 지키기

휴양지 바닷가 호텔 로비에서 한 가족의 모습을 보았습니다. 부모는 각자 스마트폰을 들여다보고, 아이는 태블릿 화면에만 몰입한 채 20분 넘게 꼼짝도 하지 않았습니다. 세 사람은 즐거운 휴가를 떠나 멋진 공간에 함께 있었지만, 어쩐지 서로 다른 세계에 있는 듯 보였습니다. 부모 곁에 앉은 아이가 가장 외로워 보였습니다.

그 장면은 나의 마음 깊이 오래 남았습니다. 이러한 모습은 그들 가족만이 아니라, 장소만 다를 뿐 우리 주변에서도 쉽게 볼 수 있습니다. 가족이 모처럼 외식을 나와서도 음식이 나오기를 기다리는 동안 다들 핸드폰을 들여다봅니다.

요즘 아이들은 태어날 때부터 스마트폰, 태블릿, TV 같은 기기와 함께 자랍니다. 우리는 종종 말하지요.

"시대가 변했으니 어쩔 수 없잖아요."

하지만 아이의 뇌는 '어쩔 수 없는 존재'가 아닙니다. 아이는 경험을 먹고 자랍니다. 부모가 어떤 경험을 손에 잡게 하느냐에 따라 아이의 뇌 구조와 사고방식이 달라집니다. 아이의 뇌는 젖은 점토 같습니다.

아직 굳지 않은 점토는 어떤 손길이 닿느냐에 따라 모양이 달라지지요. 책을 읽고 이야기를 나누며 웃는 시간, 부모의 따뜻한 눈빛과 대화가 있는 공간이 차곡차곡 쌓여 아이의 언어와 감정, 사고의 연결망을 엮어 줍니다. 바로 이런 경험 속에서 아이의 문해력이 자랍니다.

문해력은 단순히 글자를 읽는 기술이 아닙니다. 글 속 의미를 이해하고, 감정을 느끼며, 자신의 생각을 정리하고 표현하는 힘입니다. 그것이 가장 빠르게 성장하는 시기는 바로 3세에서 7세 사이로, 아이의 뇌가 언어 회로를 만들어 갑니다. 이 시기에는 브로카 영역(말하기), 베르니케 영역(이해하기), 전두엽(생각 조절)이 활발히 연결됩니다. 즉, 말을 배우고 이야기를 나누며 '언어의 길'을 내는 이 시간이 바로 문해력의 골든타임입니다.

이때의 언어 경험은 마치 뇌에 길을 내는 일과 같습니다. 길이 한 번 만들어지면 그 위로 더 많은 생각과 감정, 표현이 오가게 되지요. 반면에 이 시기에 언어적 자극이 부족하면 글자를 읽을 수는 있어도 글의 맥락과 감정을 이해하거나, 자신의 생각을 말과 글로 표현하는 힘은 더디게 자랍니다.

이것은 조기 한글교육과는 다릅니다. 함께 책을 읽고, 대화하며, 이야기를 나누는 경험이 중요합니다. 무엇을 배우느냐보다 누구와 어떻게 읽느냐가 아이의 문해력을 결정합니다. 그림책을 아이와 함께 읽으며 질문하고 대답하는 순간, 뇌 안에서는 말과 사고, 감정을 잇는 수많은 연결선이 만들어집니다.

이 시기의 풍부한 언어 경험은 사고력과 공감, 자기 표현력을 함께 성장시킵니다. 하지만 화면 자극이 대화와 경험을 대신하면, 이러한 연결망은 충분히 자라지 못합니다. 글자를 읽어도 문맥을 이해하기 어렵고, 자신의 생각을 말이나 글로 표현하는 힘이 약해집니다.

늘 화면만 바라보는 아이는 빠르고 자극적인 정보에만 반응하게 됩니다. '팝콘 브레인Popcorn Brain'처럼 생각은 여기저기에서 튀지만, 깊고 느린 사고에는 집중하지 못하게 되지요. 강렬한 영상 자극에만 반복적으로 노출되면 아이의 뇌는 '즉각적 만족'에 길들여지고, 집중력과 공감력, 언어 능력은 약해집니다.

아이의 전두엽은 계획하고, 조절하고, 기다리고, 문제를 해결하는 힘을 담당합니다. 이 영역이 자라려면 직접 보고, 듣고, 만지고, 대화하며 생각을 이어가야 합니다. 세계보건기구WHO는 두 돌 전까지는 하루 한 시간 이하로 스마트기기를 제한하라고 권고합니다. 하지만 현실은 다릅니다. "밥을 안 먹으니 영상이라도 보여줘야죠"라며 자연스럽게 아이의 눈앞에 스마트기기가 등장합니다. 그 마음을 누구보다 잘 압니다. 하루 종일 육아와 일로 지친 부모에게 '조용히 밥 한 끼 먹는 시간'은 간절하니까요. 하지만 그 순간 아이의 뇌에는 작은 균열이 생깁니다.

아이의 문해력은 단순히 글자를 읽는 능력이 아닙니다. 글 속 의미를 이해하고, 감정을 느끼며, 생각을 정리하고 표현하는 힘입니다. 그것은 낭독 속에서 자랍니다. 소리 내어 읽고, 그 소리를 자신의 귀로 듣고, 부모와 이야기를 나누는 시간 속에서 말입니다. 묵독보다 낭독이 중요한 이유는, 그 과정이 뇌의 여러 영역을 동시에 자극하기 때문입니다. 집중력, 공감력, 사고력이 모두 함께 자랍니다.

흥미롭게도, 세상을 바꾼 혁신가 스티브 잡스는 자신의 아이들에게 스마트기기 사용을 엄격히 제한했다고 합니다. 그는 기술의 위대함을 누구보다 잘 알았지만, 아이의 뇌는 결국 책과 경험, 사람과의 대화 속에서 자란다는 것을 알고 있었던 것이지요. "소크라테스와의 오후 한 시간을 위해 내 모든 기술을 바꿀 것이다"라고 그는 말했습니다. 이 말은 그가 기술보다 인간의 사고와 철학적 대화에 더 큰 가치를 두었다는 것을 보여줍니다. 그에게 기술은 인간의 삶을 풍요롭게 하는 수단이었고, 이러한 그의 철학은 아이 교육에도 깊이 반영되어 있습니다.

문해력의 골든타임은 어느 하루 불쑥 다가오지 않습니다. 부모의 목소리가 닿는 지금 이 순간이 바로 그때입니다. 늦었다고 느낄 때라도, 오늘 아이에게 책 한 권을 읽어주는 순간이 새로운 시작이 될 수 있습니다. 문해력은 시간보다 관계 속에서 자라니까요.

오늘 저녁, 아이의 손에 스마트폰 대신 그림책 한 권을 들려주세요. 그리고 함께 웃으며 읽어주세요. 그 작은 시간이 아이의 뇌를 단단히 지키고 세상을 살아갈 가장 큰 힘, 미래를 여는 문해력의 씨앗을 심어 줄 것입니다.

짧은 대화가 아이의 평생 문해력을 만든다

아이에게 글자를 가르치기 시작하면서 우리는 흔히 읽고 쓰는 능력만 떠올립니다. 하지만 문해력은 단순히 글자를 읽는 힘이 아니라, 상황을 이해하고 생각을 정리하며, 말과 행동으로 연결하는 힘입니다.

이 힘은 아이가 태어나면서부터 조금씩 자라기 시작합니다. 글자를 배우기 전에도 아이는 부모와 주고받는 대화, 그림책 읽기, 노래와 놀이 속에서 세상과 소통하며 문해의 씨앗을 틔웁니다. 학자들은 이를 발생적 문해incipient literacy라 하며, 이후 아이가 스스로 글과 언어의 세계를 탐험하며 기초를 다져가는 과정을 발현적 문해emergent literacy라 합니다. 쉽게 말하면, 발생적 문해가 씨앗을 심는 과정이라면, 발현적 문해는 그 씨앗이 싹을 틔우고 자라나는 과정입니다.

문해력이 잘 자란 아이는 글자를 읽는 것에서 멈추지 않고, 이야기의 맥락을 파악하며 상황과 행동을 연결할 수 있습니다. 반면에 문해력이 부족한 아이는 글자를 소리 내어 읽더라도 문장의 의미를 이해하지 못하거나, 상황 속에서 어떻게 행동해야 할지 혼란스러워합니다. 예를 들어, 교사가 "금일 오후까지 과제를 제출하세요"라고 안내했는데, 일부 아이들은 '금요일 오후'로 잘못 이해해 제출을 놓치기도 합니다. 문해력은 단순한 읽기 능력을 넘어, 삶을 살아가는 힘과 연결되어 있는 셈입니다.

그렇다고 해서 문해력을 키우는 일이 거창한 수업이나 특별한 훈련에 의해서만 이루어지는 것은 아닙니다. 오히려 부모와 아이가 주고받는 짧은 대화 속에서 가장 단단하게 자랍니다.

예를 들어, 2세 민수는 매일 엄마와 그림책 속 동물 이야기를 나누었습니다. 손가락으로 그림을 가리키며 질문하고 답하는 시간을 반복하면서, 단어와 문장, 그리고 생각을 정리하는 능력을 키웠습니다.

어느 날 식탁에서 "민수야, 지금 밥을 다 먹었으니 다음엔 뭐 해야 할까?" 하고 물어보면, 아이는 사건의 순서를 이해하고 자신의 말로 정리하는 연습을 합니다. 친구와 다툼이 있었을 때는 "친구가 네 장난감을 가져가서 속상했구나. 그럴 땐 뭐라고 말하면 좋을까?"라고 물어보면, 아이는 감정을 인식하고 상황과 표현을 연결하며 사회적 언어를 배우게 됩니다. 책을 읽을 때도 "주인공이 왜 이렇게 행동했을까? 네가 주인공이라면 어떻게 했을까?"라고 묻는 순간, 아이는 단순한 줄거리 이해를 넘어 사고와 공감 능력을 확장합니다.

 민수의 예에서 볼 수 있듯이, 짧고 사소해 보이는 대화들이 모여 아이는 글자를 읽는 수준을 넘어 생각을 정리하고 이해하며 표현하는 힘을 갖게 됩니다. 문해력은 결국 글자와 문장 이해를 넘어, 학교생활 적응, 친구와의 관계, 나아가 평생 학습과 자기 삶을 주도하는 힘으로 이어집니다.

 오늘도 책 한 권, 놀이 한 조각, 짧은 대화를 통해 아이와 소통해 보세요. 부모가 건네는 따뜻한 질문 하나, 공감 어린 대답 하나가 아이의 평생 문해력을 키우는 가장 든든한 밑거름이 됩니다.

향기 나는 성품, 아이의 미래 역량

내가 만난 많은 부모님들이 "아이를 남에게 피해 주지 않는 사람으로 키우고 싶어요"라고 말씀하십니다. 그 마음만으로도 충분히 귀하고 소중합니다. 하지만 나는 한 걸음 더 나아가 이렇게 묻고 싶습니다.

"남에게 피해를 주지 않는 것을 넘어, 남에게 기쁨과 힘이 되는 사람, 세상을 이롭게 하는 사람으로 키우는 것은 어떨까요?"

오늘날 우리는 아이에게 좋은 학력과 뛰어난 기술을 가르치는 데 많은 노력을 기울입니다. 물론 그것도 중요합니다. 하지만 세상은 빠르게 변하고 있습니다. 이제 AI가 많은 일을 대신합니다.

AI는 계산, 방대한 정보 분석, 반복 업무를 사람보다 훨씬 잘 수행합니다. 반면에 인간은 스스로 생각하고 성찰하며 판단합니다. 우리는 경험을 통해 옳고 그름을 구분하고, 의미 있는 선택을 하며, 창의와 혁신을 만들어냅니다.

아이에게 가장 필요한 미래 역량은 성품과 윤리적 판단력입니다. 단순히 착하게 행동하는 법을 배우는 것을 넘어, 스스로 생각하고 느끼며, 옳고 그름을 판단하고 의미 있는 선택을 하는 힘 말입니다. '옳고 그름是非'은 '좋고 싫음好惡'과는 분명 다른 의미입니다. 취향은 다를 수 있으나 진리는 변하지 않습니다. 바로 이것이 AI가 대신할 수 없는 인간 고유의 능력입니다.

부모와 교사가 아이에게 공감과 기다림, 선택의 경험을 제공하는 것은 단순한 배움이 아닙니다. 아이 스스로 자신의 가치를 지키고, 의미 있는 삶을 선택하는 힘을 길러주는 중요한 과정입니다.

실례를 하나 들어보겠습니다. 어린이집에서 민정이는 친구가 실수로 자신의 그림 위에 물감을 흘려버려 속상해했습니다. 눈물을 글썽였지만, 친구는 당황해서 아무 말도 하지 못했습니다. 선생님은 민정이의 마음을 살피며 다정하게 물었습니다.

"친구의 실수로 그림이 이렇게 되어 많이 속상하겠구나. 어떻게 하면 좋을까?"

민정이는 잠시 생각한 뒤 천천히 대답했습니다.

"속상하지만 괜찮아요. 다시 그리면 돼요."

이 짧은 순간 속에서 민정이는 자기감정을 인식하고, 상대방을 이해하며, 상황을 해결하는 방법을 스스로 선택했습니다. 느낀 감정을 그대로 쏟아내지 않고 잠시 멈추어 생각한 뒤 행동하는 습관, 바로 "Stop! Think! Doing!"이라는 간단한 원칙이 좋은 성품으로 이어지는 길입니다. 아이가 잠깐 멈추어 자신의 감정을 들여다보고 올바른 선택을 하는 경험이 쌓일 때, 배려와 자기 조절, 문제 해결 능력이 자연스럽게 길러집니다.

사람은 결국 '성품'이라는 향기를 품고 살아갑니다. 그 향기가 사람들을 끌어당기고, 좋은 관계와 행복한 삶을 만들어냅니다. 성품이 좋은 아이는 어디서든 자연스럽게 빛나며, 자신의 삶도 아름답게 피워냅니다.

이러한 성품은 타고나는 것이 아닙니다. 생각과 감정, 행동이 쌓여 만들어지는 삶의 향기입니다. 아이의 작은 말 한마디, 마음속에서 올라오는 감정, 그것을 행동으로 표현하는 방식 하나하나가 모여 성품을 이루지요.

이 모든 것은 부모님의 따뜻한 말과 행동, 아이와 나누는 경험에서 시작됩니다. 부모님의 관심과 격려, 사랑이 가정 안에 가득할 때, 그 향기는 아이의 인생을 빛나게 하는 진짜 실력으로 자랍니다.

실제로 제2차 세계대전 당시 유대인을 구한 사람들과 그렇지 않은 사람들을 연구한 결과, 타인을 돕는 이타적 성품은 부모가 아이에게 전한 사랑과 헌신에서 비롯된다는 점이 밝혀졌습니다. 이러한 사람들은 전쟁 이후에도 사회의 빛나는 리더로 성장했습니다.

오늘날 우리 아이들이 살아갈 세상은 더 빠르게 변하고 있습니다. 명문대, 대기업, 전문직 같은 전통적 성공의 기준은 더 이상 절대적이지 않습니다. AI와 로봇이 많은 일을 대신할 테지만 사람만이 할 수 있는 능력, 즉 타인의 마음을 이해하고 공감하며, 상황에 맞게 판단하고 선택하는 능력은 대체될 수 없습니다.

100세 시대를 넘어 130세 시대를 살아갈 우리 아이들에게 중요한 것은 자신이 좋아하는 일을 하면서 타인과 나누고, 내면이 풍요로운 삶을 사는 것입니다. 향기 나는 성품으로 살아가는 것, 그것이 진정한 성공이고 행복입니다.

부모님의 따뜻한 향기가 가정 안에 가득할 때, 아이 또한 삶의 향기를 품은 사람으로 자랄 수 있습니다. 향기 나는 성품으로 우리 아이들이 따뜻하고 행복한 세상을 만들어 가길 바랍니다.

부모의 손길로 만드는 아이의 창의적 사고

미래 사회를 살아갈 우리 아이들에게 필요한 것은 창의적 사고와 공감, 성찰 같은 것들입니다. 이 힘은 멀리 있는 특별한 수업에서만 자라나는 것이 아니라, 바로 부모의 일상 속 작은 손길에서부터 시작됩니다.

식사 시간, 잠들기 전 잠깐의 5분, 길을 걸으며 나누는 짧은 대화 속에서도 아이는 세상을 관찰하고, 스스로 생각하고, 표현하는 힘을 키웁니다. 아이에게 "오늘 가장 재미있었던 일은 뭐였니?"라고 묻거나, "만약 네가 주인공이라면 상황을 어떻게 바꿀래?"라는 질문을 던져 보세요. 아이가 말하는 동안 부모가 귀 기울여 듣고, 그 과정을 칭찬해 주는 것만으로도 아이의 상상력과 표현력은 조금씩 단단해집니다.

여기에 말놀이를 더하면 효과는 배가됩니다. 말놀이는 부모와 아이가 언어를 주고받으며 자유롭게 생각을 확장하는 놀이입니다.

예를 들어, "바닷속에 사는 동물들을 상상해보자"라고 시작해서, 아이가 만든 상상의 동물을 이야기하게 하고, 부모가 거기에 이야기를 이어 붙여 주세요. "그 동물은 어떤 소리를 낼까?", "무엇을 먹고 살까?"처럼 질문을 던지면서 상상을 확장하면 아이는 언어, 논리적 사고, 창의적 문제 해결력을 동시에 연습하게 됩니다.

아이의 배경 지식과 경험을 놀이와 연결하면 상상력은 현실과 이어져 새로운 아이디어로 자랍니다. 그림책을 함께 읽거나 블록놀이, 작은 실험을 하면서 아이가 스스로 탐색하고 발견할 시간을 주세요. 질문에 바로 답을 주기보다 아이가 스스로 깨달음을 얻도록 기다리는 경험은 아이에게 훨씬 큰 자신감을 심어줍니다.

아이들은 저마다 문제를 해결하는 방식이 다릅니다. 어떤 아이는 차근차근 계획하며 문제를 해결하는가 하면, 어떤 아이는 자유롭게 자기만의 규칙을 만들어 도전합니다. 부모는 아이의 방식을 존중하면서 "틀렸다"보다 "이런 방법도 있구나"라는 열린 마음으로 지켜보세요. 스스로 방법을 찾아가는 과정에서 아이의 창의적 사고는 자연스럽게 자랍니다.

아이의 개성과 끈기도 창의성을 키우는 중요한 밑거름입니다. 작은 도전을 시도하게 하고, 실패하더라도 "괜찮아, 다음에는 이렇게 해보자"라고 격려해 주세요. 그때 아이는 실패를 자연스러운 배움의 일부로 받아들이며, 두려움 없이 새로운 시도를 반복하게 됩니다.

창의적 행동의 동기는 외부 압력이 아니라, 아이 스스로 마음에서 우러나오는 호기심과 즐거움에서 나옵니다. 아이가 하고 싶은 놀이, 만들기, 실험 등을 선택하도록 하고, 부모는 그 호기심과 즐거움을 존중해 주세요. 스스로 하고 싶어서 움직이는 경험이 아이를 더욱 적극적이고 창의적으로 만듭니다.

마지막으로, 안전하고 지지적인 환경이 있어야 아이는 마음껏 상상하고 도전할 수 있습니다. 집 안에 자유롭게 탐색할 수 있는 공간을 마련하고, 작은 성취도 함께 인정하고 칭찬해 주세요. 부모의 일상 속 손길 하나하나가 아이의 상상력과 문제 해결력을 키우는 씨앗이 되는 셈입니다.

아이의 창의적 사고는 특별한 수업이나 거창한 계획에서만 자라나는 것이 아닙니다. 식탁 위 짧은 질문 하나, 함께하는 놀이 한 번, 작은 도전의 경험 하나, 말놀이처럼 아이와 부모가 주고받는 상상의 대화까지 이런 모든 순간이 아이의 상상력과 문제 해결력을 키우는 중요한 밑거름이 됩니다. 부모의 손길이 곧 미래 사회를 준비하는 아이의 힘이 되는 것이지요.

진짜 놀이는 아이를 키웁니다

요즘 아이들의 놀이는 이전보다 훨씬 제한적입니다. 지나친 상업화와 상품화, 기계화로 인해 아이들은 자유롭게 즐기고 스스로 선택할 기회를 잃고 있습니다. 값비싼 장난감, 무분별한 소유는 아이가 스스로 재미를 느끼고 친구와 조율하는 경험을 방해합니다. 부모의 과시욕이나 소신 없는 선택, 아이의 무절제한 소비 습관은 올바른 가치관 형성을 어렵게 만들기도 합니다.

놀이 중심 교육과정을 운영하다 보면, 부모님들이 자연스럽게 묻는 질문이 있습니다.

"어린이집에서 놀기만 해도 교육이 잘 되나요?"

매일 아이들을 지켜보면서 나는 확신하게 됩니다. 놀이야말로 아이가 스스로 배우고 성장하는 가장 자연스러운 방법이라는 것을요.

누리과정에서도 놀이 중심 교육을 기본 원칙으로 삼는 이유는 간단합니다. 아이는 놀이를 통해 몸과 생각, 감정, 친구 관계를 동시에 배우고 경험합니다. 뛰고 달리며, 블록을 쌓고, 흙을 만지면서 신체 능력과 균형 감각이 발달합니다. 블록이나 소꿉놀이를 반복하며 문제 해결력과 창의적 사고를 키우고, 작은 실패와 성공을 경험하며 자기 조절능력과 자신감도 쌓습니다. 친구와의 협력과 작은 다툼을 통해 사회성도 자연스럽게 익히지요.

"재미있으면 놀이이고, 재미없으면 놀이가 아니다"라는 스튜어트 브라운 박사의 말처럼, 아이 스스로 선택하고 즐기는 놀이가 진짜 놀이입니다. 어른이 시키는 '한글 놀이', '영어 놀이'처럼 목적과 조건이 있는 활동은 진짜 놀이가 아닙니다.

예를 들어, 민준이는 블록을 쌓다 친구와 역할 놀이를 시작했습니다. 단순한 블록 놀이가 서로 가게 주인과 손님으로 역할을 나눔으로써 돈 계산과 주문, 역할 분담까지 배우는 과정으로 자연스럽게 확장되었죠. 아이가 스스로 선택하고 몰입할 때 놀이 속 배움은 자연스럽게 따라옵니다.

이때 교사의 역할은 관찰자이자 촉진자입니다. 놀이를 방해하지 않고, 필요할 때만 살짝 손을 내밀어 배움으로 연결될 기회를 제공합니다. 과정보다 결과를 강조하지 않고, "이거 하려고 애썼구나, 힘들었겠다"처럼 아이의 노력을 인정하는 것이 중요합니다.

소윤이는 친구가 만든 블록 탑에 관심이 없었습니다. 하지만 스스로 돌아와 블록을 조립하며 탑을 완성했을 때, 교사가 과정을 지켜보며 "끝까지 해내려고 했구나. 열심히 집중해서 만들었네"라고 격려했습니다. 소윤이는 그 순간 진정한 성취감을 느끼고, 자기 주도적 놀이를 이어갔습니다.

바깥놀이도 매우 중요합니다. 햇빛, 바람, 흙과 같은 다양한 질감과 작은 위험을 직접 경험하면서 감각 발달과 판단력, 자기 조절 능력을 배우기 때문입니다. 어린이집 마당에서 연우가 미끄러운 돌 위에서 균형을 잡는 경험처럼 아이는 놀이를 통해 몸과 마음, 뇌를 동시에 단련합니다.

아이의 놀이를 지켜보고, 필요할 때만 살짝 지원하며, 과정을 인정하고 격려해 주세요. 놀이는 단순한 재미가 아니라, 아이가 스스로 선택하고 몰입하며 배우는 가장 강력한 배움의 도구입니다.

코인 하나, 배움 하나

5세 지혜반 교실에서 아이들의 가장 큰 즐거움은 마트놀이입니다. 선생님이 사과를 들고 "이거 얼마예요?" 하고 묻자, 하경이가 망설임 없이 "100원요!"라고 답했습니다. 그 짧은 한마디 속에서도, 아이들은 놀이를 통해 물건을 사려면 돈이 필요하다는 사실을 알게 되죠. 그저 재미로 시작한 놀이이지만 아이들 마음속에서 경제의 기본 개념을 배우는 소중한 경험으로 자연스럽게 이어집니다.

선생님과 지혜반 아이들은 돈을 벌기 위해 어떻게 하면 좋을지, 무엇을 할 수 있을지 함께 의논했습니다. 교실에서 정리정돈을 잘하기, 밥을 남기지 않고 먹기, 친구를 도와주기 등 자신이 지킬 수 있는 약속을 정하고, 이를 지키면 선생님께 코인을 받을 수 있는 규칙을 만들었지요.

이러한 경제 놀이는 자연스럽게 가정으로도 이어졌습니다. 아이들은 '우리 집 용돈 약속'을 세우고 실천했습니다. 장난감을 정리하면 300원, 밥을 남기지 않으면 200원, 안마하기, 분리수거하기, 신발장 정리하기처럼 작은 행동에도 보상이 주어졌습니다. 다양한 활동을 하고 받은 용돈을 저금통에 모았습니다.

아이들은 스스로 선택한 약속이기에 이전보다 훨씬 더 즐거운 마음으로 약속을 지켰습니다. 작은 행동 하나하나가 눈에 보이는 코인으로 연결되면서 자발적인 참여와 성취감이 차곡차곡 쌓였습니다.

선생님은 경제 개념을 쉽게 이해하는 데 도움 되는 동화책을 도서관에 가서 찾았습니다. 『돈 좀 빌려줘』, 『돈은 나무에서 열리지 않아』, 『돈, 돈, 돈이 뭐라고?』, 『아기돼지 삼형제가 경제를 알았다면』 등을 아이들에게 재미있게 들려주었습니다.

동화 속 인물들의 선택과 결과를 함께 살펴보며 아이들은 돈의 역할과 필요성을 자연스럽게 이해했습니다. 짧은 독서 시간 속에서 돈이 단순한 물건이 아니라 '선택'과 '책임'의 개념과 연결되어 있음을 깨달았고, 그 깨달음이 생각의 폭을 넓혀 주었습니다.

마블 게임 형식의 보드게임 속에서, 아이들은 주사위를 던지고 코인을 벌거나 쓰는 과정을 체험하며 '선택과 책임'을 배웠습니다. 숫자에 관심이 많아진 아이들을 위해 진행된 '숫자 뱀' 놀이에서는 숫자를 읽고 쓰며 수 개념까지 익히고 놀이의 재미를 느꼈습니다.

실제 지폐를 관찰하고 베껴보거나 자신만의 지폐를 만들어보는 미술 활동을 통해서는 돈의 생김새와 기능에도 자연스러운 관심이 생겼습니다. 아이들은 자신이 만든 지폐 위에 이름과 좋아하는 그림을 그리면서 돈이 단순한 도구가 아니라 의미 있는 도구임을 이해하게 되었습니다.

아이들은 재활용품으로 만든 저금통에 자신이 받은 코인을 하나씩 넣으며 모은 코인의 양을 자랑했습니다. 성취감과 뿌듯함도 마음속에 차곡차곡 쌓였습니다. 돈을 모으고 관리하는 즐거움, 스스로 해냈다는 만족감이 아이들의 마음을 자라게 했습니다.

경제 활동으로 모은 코인을 결산하기로 약속한 날이 되었습니다. 각 가정에서는 모아진 코인만큼을 현금으로 환산해서 3천원 정도의 현금을 아이들 등원 시간에 가방에 넣어 보내 주셨습니다. 지혜반 교실에서 약속한 경제활동으로 모인 코인은 원장인 내가 2천원 정도의 현금을 각각 나누어 주었습니다.

지혜반 아이들은 스스로 모은 돈을 가지고 어린이집 근처 여러 가지 다양한 상품을 저렴하게 구입할 수 있는 K마트로 향했습니다. 상점 안의 물건을 찬찬히 둘러보았습니다. 스티커, 초콜릿, 인형, 머리핀… 사고 싶은 건 많았지만, 가진 돈 안에서만 살 수 있다는 사실을 깨닫고 신중하게 선택했습니다. 스스로 결정한 물건에 대한 소중함과 만족감은 아이들의 성취감과 자신감을 더욱 크게 만들어 주었습니다. 그리고 계산대에서 스스로 물건값을 지불했습니다.

엄마에게 줄 인형을 산 희수, 갖고 싶은 장난감 자동차를 산 우찬, 부채와 지우개를 산 동혁 등 아이들 모두 저마다 이유 있는 선택을 했습니다. 구입한 물건을 보고 모두들 흐뭇해합니다. 하원 시간에 부모님을 만나자마자 한껏 자랑하며 기뻐합니다.

여기가 끝이 아니었습니다. 이번에는 혁진이가 "선생님, 우리가 직접 물건을 팔아서 돈을 벌어보면 어때요?"라고 교사가 미처 생각하지 못한 제안을 했습니다. 선생님은 "그래? 그럼 어떻게 하지?, 방법을 찾아볼까?"라고 아이들과 한마음이 되어 들뜬 마음으로 이야기를 나누었습니다.

"먼저, 원장님께 투자를 받아보자", "쿠키를 만들어서 팔아볼까?", "쿠키 재료를 구입하자", "더우니까 슬러시도 팔아요!", "슬러시 재료도 사야 되겠다!", "좋은 생각이야!" 서로의 생각을 주고받으며 아이들은 신이 나서 하하하 깔깔깔 웃으며 선생님께 도움을 청했어요. 선생님은 슬러시 기계를 구하기 위해 이곳저곳을 알아보았죠. 갑자기 연주가 "어디서 누구한테 팔지?"라고 물었어요. 그렇게 오랜 시간 동안 참으로 다양한 의견들을 나누다가 결국 어린이집 '플리마켓'을 하기로 결정했습니다.

전체 학부모님들께 '플리마켓 데이'를 공지하고, 운영위원회 어머님들의 도움을 받아 신나는 플리마켓을 열었어요. 1세부터 5세까지 다니는 어린이집 아이들 덕분에 언니 오빠가 자라서 더 이상 필요 없는 좋은 물건들이 많이 모였어요. 일찍 오셔서 마음에 드는 물건을 저렴하게 많이 샀다고 좋아하시는 세희 가족, 찬혁 어머님, 다연 할머니 등 참여자 모두가 즐거워하셨어요. 맛있는 쿠키는 모두 다 팔아서 '완판'이 되었습니다. 슬러시는 듬뿍듬뿍 담아 경비

아저씨께도 갖다 드렸어요.

플리마켓을 성공적으로 마치고 수익금을 정산했더니 많은 수익이 났어요. 지혜반 아이들과 또 회의를 했죠. 일정 부분은 불우 이웃 돕기 성금으로 내기로 했고, 지혜반 아이들과 선생님 그리고 운영위원회 대표 어머님이 행정복지센터에 직접 방문하여 성금을 전달했어요. 남은 돈은 지혜반 아이들이 의견을 모아 맛있는 아이스크림을 사 먹기로 결정하고 함께 무인 아이스크림 가게에 갔어요. 아이들은 직접 바코드를 찍고 가격을 확인하며 결제를 체험했습니다. 놀이와 현실이 연결되는 순간, 카드와 신용 개념까지 자연스럽게 배우게 되었지요. 직접 고른 아이스크림을 맛있게 먹으며 아이들이 정말 행복해했습니다.

교실 안에서 우연히 작게 시작한 역할 놀이가 아이들에게 놀이와 학습을 넘어, 나눔과 사회적 책임까지 경험하며 돈과 가치의 의미를 한층 깊게 이해하는 '진짜 배움'이 되는 순간이었습니다.

아이들은 놀이 속에서 스스로 생각하고 결정하며, 삶의 중요한 가치들을 배워갑니다. 이번 경제 놀이는 단순한 역할놀이를 넘어, 약속을 지키는 자발성, 수·경제 개념, 사회적·정서적 경험, 창의력, 그리고 나눔과 책임 의식까지 아우르는 통합적 교육이었습니다. 더 나아가 이웃 사랑 실천으로까지 귀한 배움으로 확장되었습니다.

잘 놀고 잘 느끼는 아이로 키우기

"엄마, 엄마의 양육 철학은 뭐야?"

큰딸이 어느 날 문득 물었습니다. 나는 잠깐의 망설임도 없이 대답했죠.

"잘 먹고, 잘 싸고, 잘 놀고, 옳고 그름을 분별할 줄 알며, 세상을 이롭게 하는 아이로 키우는 것."

돌이켜보면 꽤 철학적인 말 같지만, 사실 이 믿음은 내가 아이들과 지내며 몸으로 익히고 마음으로 쌓아온 것이었습니다.

딸이 어릴 때는 '좋은 대학에 가고, 안정적인 직장을 얻고, 행복하게 함께 살 수 있는 사람과 결혼해서 경제적으로 넉넉하게 남부럽지 않게 사는 것'이 제 양육 목표였죠. 그게 아이의 행복이라고 믿었으니까요. 하지만 세월이 흐르고, 삶을 조금 내려놓으면서 비로소 깨닫게 되었습니다. 진짜 중요한 것은 '무엇을 이루느냐'가 아니라 '어떻게 느끼고, 어떻게 세상과 관계 맺느냐'라는 사실을요.

내가 아이를 키우던 시절, 인터넷은 이제 막 우리 삶에 들어왔고, 스마트폰은 혁신의 상징이었습니다. 영상 통화나 온라인 쇼핑은 모두 새롭고 신기했죠. 하지만 지금은 어떨까요? AI가 그림을 그리고, 자율주행차가 도로를 달리고, 가상 교사가 아이를 가르칩니다.

아이들이 살아갈 미래는 상상보다 훨씬 빠르고 복잡합니다. 그런 시대일수록 오히려 인간다움이 더 절실하게 필요할 것입니다. 그렇다면 우리 아이들에게 지금 가장 필요한 것은 무엇일까요? 바로 공감하고, 감정을 조절하며, 타인과 협력하고, 스스로 자발적 동기를 찾아 문제를 해결하는 힘, 즉 사회 정서 지능입니다.

어린이집 면담에서 한 어머니가 조심스레 말씀하셨습니다.

"요즘 친구들이 수학 학원에 다닌대요. 곱셈, 나눗셈, 분수까지 배우고 있다던데… 우리 아이도 보내야 할까요?"

그 아이는 이제 네 살. 숫자 개념이 조금씩 자리 잡는 시기입니다. 이런 시기에 곱셈을 가르치는 것이 과연 아이를 위한 선택일까요?

초등학교 입학 전부터 영어, 수학 선행, 논술, 과학 탐구반까지 경험하는 아이들이 늘어나고 있지만, 정작 행복한 표정의 아이는 많지 않습니다. 뜻 모르는 영어 단어는 입에 익었지만 친구와 다투고도 "미안해" 한마디 못 하는 아이, 숫자는 알지만 개념은 모르고 밥을 흘리고도 스스로 치우지 못하는 아이, 말은 유창한데 감정을 표현하지 못하는 아이들…

조기 사교육의 문제는 단순히 '시기'가 아닙니다. 아이의 발달

속도, 자아 정체성, 관계 맺음의 능력을 무시하는 점이 더 심각합니다. 육아정책연구소 자료에 따르면, 사교육 경험이 많을수록 자존감은 낮아지고, 학습 동기와 사회성은 오히려 부정적 영향을 받는다고 합니다.

부모의 '우리 아이만 뒤처질까' 하는 불안은 결국 아이에게 과부하된 삶과 공감 결핍, 관계의 어려움으로 되돌아옵니다. AI가 아무리 똑똑해도 사람의 마음을 다독이고 감정을 읽으며 관계를 이어가는 능력은 인간만이 할 수 있는 일입니다. 지금 우리 아이들에게 가장 필요한 것은 더 많이 배우는 것이 아니라 잘 느끼고, 잘 표현하며, 잘 관계 맺는 힘입니다. 이 정서적 기반이 튼튼해야 나중에 학업의 어려움도 이겨내고, 관계 안에서 자존감도 지킬 수 있습니다.

집에서 작은 실천부터 시작할 수 있습니다. 아이에게 하루에 한 번 "오늘 나는 어떤 기분이었지?"라고 이야기하며 그림이나 글로 감정을 표현하게 해보세요. "속상했구나!", "아쉬웠겠다!", "서운했어?", "두려웠어?" 등 부모가 먼저 감정에 이름을 붙여주는 것만으로도 아이의 감정 인식 능력이 자랍니다. 사소한 다툼이 있어도 '미안해'와 '괜찮아'를 반복하며 사과와 용서를 경험하게 하세요. 혹은 "그럼 친구 입장에서 말해 볼래?" 하고 역할을 바꿔 말하게 해보세요. 공감 능력은 이렇게 조금씩 자라납니다.

우리는 더 똑똑한 아이보다, 감정을 다스리고 타인의 마음을 이해하며 함께 살아갈 줄 아는 사람으로 아이를 키워야 합니다. 의젓하게 감정을 표현하고 상대 입장에서 생각하며 갈등이 있어도 관계를 포기하지 않는 아이, 그런 아이는 결국 자신의 삶을 주체적으로 이끌며 세상에 따뜻한 영향을 줄 것입니다.

그 시작은 거창한 학원이 아니라, 함께 밥을 먹으며 나누는 대화, 놀이터에서의 갈등과 화해, 잠자기 전 하루를 돌아보는 따뜻한 순간에서 이루어집니다. 정서적 면역력은 바로 이런 일상 속에서 길러집니다. AI가 아무리 발달해도 그 순간은 사람만이 만들 수 있는 기적입니다.

아이의 눈에는 스마트폰보다 '엄마 얼굴'이 먼저 보여요

"엄마, 봐봐. 나 이거 그렸어!"

아이의 목소리에 엄마는 잠시 스마트폰에서 시선을 돌렸습니다.

"응, 잘 했네."

그 말 속에는 칭찬이 담겨 있었지만, 아이의 마음은 허전했습니다. 엄마의 눈은 여전히 화면 속에 머물러 있었고, 얼굴에는 특별한 표정이 없었거든요.

아이의 눈은 말보다 행동을 먼저 읽습니다. 엄마가 말은 들었지만 반응이 없는 순간, 아이는 이렇게 생각합니다.

'엄마가 내 이야기를 또 진짜 듣지 않았구나.'

내가 사는 아파트 엘리베이터 앞에서의 장면이 오래 기억에 남습니다.

부모님과 함께 엘리베이터를 기다리는 아이가 낮 동안 어린이집에서 있었던 일들을 재잘재잘 이야기했습니다. 하지만 엄마 아빠는 각자 스마트폰을 들여다보며 아무런 대답이 없었습니다. 짧은 순간 아이는 다시 고개를 들어 부모를 바라봤지만, 그들의 눈은 화면 속 누군가의 삶을 따라가고 있었죠. 아이의 진짜 메시지는 분명합니다.

"엄마 아빠, 나랑 얘기 좀 해줘!"

지루한 기다림 속에서 짧은 순간이라도 눈을 마주치고, 함께 느끼고 싶었던 마음이었습니다. 아이 마음에 작은 벽이 생겨납니다.

요즘 스마트폰은 손에서 떨어지지 않습니다. 집에서, 길에서, 식탁 위에서도 늘 함께하죠. 특히 육아와 가사로 지친 부모에게 스마트폰은 작은 위로이자 유일한 휴식일 수 있습니다. 그 마음, 충분히 이해합니다. 하지만 조심해야 할 것이 있습니다. 바로 테크노퍼런스Technoference, 즉 디지털 기술이 인간관계를 방해하는 현상입니다. 부모가 아이 곁에서 스마트폰을 자주 사용할수록 아이와의 정서적 연결은 조금씩 멀어질 수 있습니다.

미국 의학협회 학술지JAMA Pediatrics에 따르면, 부모의 스마트기기 사용이 잦을 경우 아이는 계획력, 주의력, 감정 조절력 등 여러 인지·정서 능력이 떨어질 수 있고, 또래보다 불안, 짜증, 우울을 더 자주 경험하기도 합니다.

어린이집에서 세 살 서윤이가 울며 말했습니다.

"엄마가 나를 안 봐요. 나 데리러 와도 핸드폰만 보고, 말도 안 해요. 집에 가서도 핸드폰만 봐요."

그 말 속에서 서윤이가 진심으로 무엇을 원하는지 느껴져 아쉬웠습니다. '엄마가 나를 안 봐주기 때문'이었죠. 엄마가 아이 곁에 있어도 마음은 아이 곁에 없다는 것을 아이는 이미 알고 있었습니다. 아이들에게는 하루 중 특별한 '하이라이트 시간'이 있습니다. 엄마와 함께 보내는 저녁 시간, 잠들기 전 몇 분, 그 짧은 순간이 하루 전체보다 더 큰 의미를 지닙니다.

눈빛 하나가 아이 뇌를 자라게 합니다. 아이의 뇌는 눈빛, 표정, 말투를 통해 세상을 배우고, 감정을 익히고, 자신을 이해합니다. "엄마가 내 말에 웃어줬어!", "아빠가 고개 끄덕이며 들어줬어." 이런 사소한 반응 하나하나가 아이에게 '나는 소중하다'는 자존감의 재료가 됩니다. 반면에 부모의 눈이 늘 스마트폰을 향하고, 반응이 느리거나 무표정하다면 아이는 혼란을 느끼고 정서적 연결이 약해집니다. 그렇게 조금씩 아이 마음에 작은 벽이 생기기 시작합니다.

부모의 따뜻한 눈빛은 아이들을 따뜻하게 자라게 합니다. 어려운 육아 원칙이나 비싼 장난감은 필요 없습니다. 하루에 몇 번이라도 아이의 눈을 마주보며 "그랬구나!", "와, 정말 멋지다!"라고 말해주세요. 함께 하늘을 올려다보고, 저녁을 먹으며 눈을 맞추고, 잠들기 전 아이의 손을 살짝 잡고 "오늘 어땠어?"라고 물어주세요. 이 짧은 순간들이 아이의 뇌를 건강하게 자라게 하고, 마음을 따뜻하게 만들며, 부모와 아이를 더욱 단단히 이어줍니다.

스마트폰을 내려놓는 시간은 단절이 아니라 진짜 연결을 위한 선택입니다. 아이에게 가장 자주 보여줘야 할 것은 화려한 영상이나 정보가 아니라 부모의 얼굴입니다. 오늘 하루, 아이가 몇 번이나 나를 올려다보았는지, 나는 그 눈빛에 얼마나 자주 따뜻하게 반응했는지 잠시 돌아보는 저녁이면 충분합니다.

함께 실천하기를 제안합니다. 아이 앞에서는 스마트폰을 잠시 OFF하고, 하루 10분은 온전히 아이와 함께 보내기. 식탁 위에는 음식만 두고, TV 대신 그림책과 간단한 역할극으로 '엄마 극장'을 열기. 침대 위에서는 포옹과 대화만, 스마트폰은 침대 밖에 두기. 아이가 부르면 반드시 눈을 맞추고 대답하기. 하루 한 번, 조용히 10초 동안 아이 얼굴을 바라보기. 아이의 손에 쥐어진 그림이나 블록을 볼 때, 두 손으로 얼굴을 감싸며 리액션하기. 셀카 대신 서로 얼굴을 그려보기. 스마트폰 없이 15분 산책하며 손을 꼭 잡기. 잠들기 전에는 오늘 하루 기분을 눈을 맞추며 나누고, 하루 다섯 번 아이를 칭찬하며 바라보기.

이 작은 실천들이 쌓이면 아이 마음속에는 보이지 않는 벽 대신 따뜻한 다리가 놓입니다. 아이의 뇌는 눈빛과 표정, 말투로 자라고, 마음은 부모의 따뜻한 반응 속에서 녹아듭니다.

오늘도 나는 아이가 부르는 그 한마디에 눈을 맞추고, 마음을 담아 대답하려 합니다. 그 짧은 순간이 아이에게는 하루 전체보다 더 큰 의미니까요.

스프 운동 합시다.
결정적 시기의 스마트폰 없는 유아기

얼마 전, 나는 스프 운동 본부 출범식에 다녀왔습니다. '스마트폰 프리Smartphone-Free 운동'을 뜻하는 이 단체는 청소년의 스마트 과의존 문제를 예방하고, 민·관·정이 함께 연대해 교육문화 운동을 펼치고자 만들어졌습니다. 대한민국은 IT 강국입니다. 하지만 청소년 스마트 과의존율은 OECD(경제협력개발기구) 1위, 동시에 저출산율 1위라는 씁쓸한 기록도 가지고 있습니다.

출범식에서 낭독된 창립선언문은 이렇게 말합니다.

"스마트폰으로 인해 아이들은 아동기로서 누려야 할 경험을 잃었습니다. 친구와 노는 시간, 책을 읽으며 생각하는 시간, 감정을 주고받는 소통 능력까지 잃었습니다. 자기 안에 캡슐화되어 자기중심적이 되고, 우울과 사이버 폭력에 노출됩니다. 아이의 뇌는 도파민에 젖고, 생각을 관장하는 전두엽은 제대로 발달하지 않습니다."

말 그대로 아이의 살갗 밑에는 스마트폰만 남았고, 인간다운 삶의 기반인 휴머니티의 고향은 사라진 상태입니다. 그런데 이 모든 책임은 어른인 우리에게 있습니다. 바로 우리 손으로 스마트폰을 쥐여주었기 때문입니다. 이제 우리는 사랑하는 아이들에게 인간다움, 휴머니티를 되돌려주어야 합니다. 스프 운동은 세 가지 활동을 지향합니다.

하나, 초·중학교가 스마트폰 없는 학교가 되도록 한다.

둘, 부모가 자녀에게 중·고교 입학 전까지 스마트폰을 사주지 않는다.

셋, 부모 스스로도 자녀와 함께 스마트폰 거리두기를 실천한다.

뿐만 아니라 이날 들은 강연 내용도 인상 깊었습니다. 2025년 서울대학교 의대 수석 입학자인 김유진 군은 대학 합격 후 처음으로 스마트폰을 사용했다고 합니다. 어린 시절, 집 거실에는 책이 가득했고, 부모님 역시 늘 책을 읽는 모습을 보여주셨습니다. 김 군은 "심심하면 책을 읽으면 된다"는 자연스러운 습관 속에서 자기 주도 학습과 사고력을 키울 수 있었다고 말했습니다. 무엇보다 놀라운 점은 또래 친구들이 다 스마트폰을 사용할 때도 스마트폰 없이 친구 관계에 어려움이 없었다는 것입니다. 부모가 삶 속에서 책 읽는 모습을 보여준 덕분에 스마트폰 없이도 충분히 사회성을 익힐 수 있었던 것입니다.

강연자는 부모가 삶으로 실천하지 않으면 청소년 스마트폰 사용을 제한하는 것만으로는 부족하다고 여러 번 강조했습니다. 하지만 영·유아 자녀를 둔 부모님 입장에서는 청소년, 대학생 이야기가 아주 먼 미래처럼 느껴질 수 있습니다. 지금은 어쩔 수 없으니 스마트기기를 잠시 활용해도 괜찮다는 변명을 하고 싶을 수도 있습니다. 그러나 영·유아 시기가 훨씬 더 중요합니다. 사전 예방이 최선입니다.

놀이, 말하기, 책 읽기, 감정 소통을 빼앗긴 아이는 사고력, 공감 능력, 문해력, 자기 조절능력을 충분히 발달시키지 못합니다. 잠을 안 자는 아이에게 술 한 모금을 주지 않듯이 "놀아달라는 아이에게 스마트폰을 주는 것"은 해서는 안 되는 위험한 일입니다.

뇌 발달은 시냅스가 연결되는 방식으로 이루어집니다. 유아기에 놀이와 상호작용, 감각 경험이 충분히 제공되지 않으면 중요한 시냅스 연결이 제대로 형성되지 않아, 이후 발달과 학습 능력을 회복하기 어렵습니다.

유아기에 놀이와 감각 경험, 친구와의 상호작용, 책과 대화를 통해 마음과 사고, 공감 능력을 길러 주는 것이 전 생애에 걸쳐 건강하고 균형 잡힌 발달을 위한 기초가 됩니다. 이 시기의 경험 하나하나가 아이의 뇌와 마음속에 단단한 뿌리를 내립니다. 부모가 삶으로 보여주고 함께 실천할 때 아이는 경험을 통해 세상과 연결되고, 자기 안의 힘과 상상력을 마음껏 키워갈 수 있습니다.

스프 운동은 단순한 제한이 아니라 아이에게 아동기를 되돌려주고, 인간다움을 회복하며, 영유아기부터 부모와 함께 실천하는 교육·문화·인권 운동입니다. 지금 이 순간 아이와 함께 스마트폰 없이 보내는 시간은 아이의 결정적 시기를 지켜주는 가장 강력한 실천입니다.

좋은 삶이 최고의 교육이다

2025년 OECD에서 발간한 '한국의 태어나지 않은 미래'라는 보고서 제목이 눈에 들어왔습니다. 우리나라의 저출산 문제를 다룬 내용이라고 합니다. 보고서에 따르면, 대한민국이 세계에서 가장 낮은 출산율의 원인 중 하나는 바로 높은 사교육비였습니다. 그 문장을 읽는 순간 마음이 덜컥 내려앉았습니다.

'아이를 낳지 않는 이유가 결국, 아이를 잘 키울 자신이 없어서?'

그 안에는 '좋은 부모가 되려면 돈이 많아야 한다'는 사회적 믿음이 자리하고 있었습니다.

얼마 전 부모교육 강의에서 나는 이런 질문을 드린 적이 있습니다.

"여러분은 좋은 부모가 되기 위해 가장 필요한 게 무엇이라고 생각하시나요?"

대부분의 손이 '경제력'에 올라갔습니다. 그다음은 소통, 인내심, 인성이었죠. 물론 돈은 필요합니다. 하지만 그것이 좋은 부모의 유일한 조건이 되어야 할까요? 사교육과 경제력만이 과연 우리 아이를 행복하게 만들어 줄까요?

내 아이들이 어릴 때, 나 또한 조금이라도 더 나은 환경을 만들어 주고 싶었습니다. 아이들을 위해 제 삶의 여유를, 웃음을, 심지어 건강까지 내어주곤 했습니다. 그러다 문득 자신에게 묻습니다.

'나는 행복을 멀리서 찾으려고 애쓰고 있는 것은 아닐까?'

돌아보니 행복은 생각보다 가까이에 있었습니다. 아침 햇살에 반짝이는 창가의 커튼, 아이의 "엄마!" 하고 부르는 소리, 하루를 마치며 함께 웃는 저녁 식탁의 온기 속에서 행복을 느낄 수 있었죠. 법정 스님도 "행복은 멀리 있지 않다. 지금 이 순간 내가 있는 이 자리에 있다"고 말씀하셨습니다.

우리는 종종 '좋은 부모', '성공한 인생'을 위해 더 많이 배우고 더 잘하려 애쓰며 자신을 몰아붙입니다. 하지만 아이에게 가장 큰 교육은 부모가 살아가는 삶의 태도입니다. 부모가 행복한 얼굴로 오늘을 살아가는 모습을 보여주는 일, 그것이 아이에게 전해지는 가장 깊은 배움입니다.

행복은 조건이 아니라 방향입니다. 좋은 삶은 화려하지 않아도 괜찮습니다. 삶의 속도를 잠시 늦추고 소소한 기쁨에 감사하며, 가족과 나누는 대화 속에서 따뜻한 마음을 지켜내는 것. 그것이 아이가 배우는 '행복의 언어'입니다.

부모의 삶은 아이의 거울이 됩니다. 우리가 어떤 삶을 살아가느냐가 아이의 인생관이 되고, 우리가 어떻게 웃고 어떻게 사랑하느냐가 아이의 마음속에 '삶의 기준'으로 새겨집니다. 좋은 부모가 되기 위해 애쓰기보다 좋은 삶을 살아가려는 노력을 잊지 말아야 합니다. 좋은 삶이야말로 아이에게 줄 수 있는 가장 깊고 오래 남는 교육입니다.

사람은 누구도 혼자 살 수 없습니다. 오직 내 아이만, 내 가족만 잘 되면 된다는 마음으로는 결코 따뜻한 사회를 만들 수 없습니다. 앞으로 우리 아이가 살아갈 세상에서 '인간다움'이야말로 가장 큰 경쟁력이 될 것입니다. 그런데 그것은 학원에서도, 교과서에서도 배울 수 없습니다. 오직 부모의 삶 속에서, 가정의 공기 속에서 자라납니다.

대한민국은 세계 최초로 인성교육진흥법을 만들었습니다. 하지만 인성은 법으로, 제도로, 수업으로 길러지지 않습니다. 아이들은 부모의 표정, 말투, 행동을 보며 자랍니다. 부모가 누군가에게 따뜻하게 말하는 순간 아이의 마음에는 '친절'이 씨앗처럼 심어집니다. 부모가 어려움을 이겨내는 모습을 통해 아이들은 '용기'와 '끈기'를 배웁니다.

나는 이렇게 말하고 싶습니다. 좋은 부모는 완벽한 부모가 아니라, 좋은 삶을 살아내는 부모라고. 삶을 대하는 태도, 관계를 맺는 방식, 넘어졌을 때 다시 일어나는 모습이 그대로 내 아이의 인생 교과서가 됩니다.

아이를 키우는 일은 마라톤과 같습니다. 처음부터 전력으로 달리면 금세 지칩니다. 가끔은 비바람을 맞고, 돌부리에 넘어질 때도 있지요. 그럴 때 중요한 건 속도를 조절하는 지혜와 다시 일어설 용기입니다.

양육도 마찬가지입니다. 부모의 욕심으로 앞서 달리기보다 아이의 속도에 맞춰 함께 걸을 줄 알아야 합니다. 경제적 지원이 필요할 때도 물론 있습니다. 하지만 때를 아는 지혜가 더 중요합니다. 지금 당장의 불안으로 아이를 몰아붙이기보다 아이의 준비와 욕구를 살피며 '적기 교육'을 지원하는 것이 진짜 부모의 지혜입니다.

나는 오늘도 다짐합니다. 내 아이가 나를 통해 삶을 배우고 있다면 그 거울에 비친 내가 조금 더 따뜻하고, 조금 더 단단하고, 조금 더 행복한 사람이 되기로. 아이에게 가장 좋은 유산은 돈도, 명예도, 학벌도 아닙니다. 좋은 삶을 살아가는 부모의 모습입니다. 그것이야말로 평생 아이의 마음을 비추는 거울이 됩니다.

마음을 지켜 아이를 품다

지은이 | 문종환
펴낸이 | 박영발
펴낸곳 | W미디어
등록 | 제2005-000030호
1쇄 발행 | 2025년 11월 21일
주소 | 서울 양천구 목동서로 77 현대월드타워 1905호
전화 | 02-6678-0708
E-mail | wmedia@naver.com

ISBN 979-11-89172-60-2 (03370)

값 17,800원